Sky du Mont

Ich freu mich schon auf morgen

Sky du Mont

Ich freu mich schon auf morgen

Weil es wird, wie es noch nie war

HERDER

FREIBURG · BASEL · WIEN

Satz: ZeroSoft SRL

Herstellung: GGP Media GmbH, Pößneck

Printed in Germany

ISBN Print: 978-3-451-60170-5

ISBN E-Book: 978-3-451-83233-8

INHALT

Vorwort . . . .　9

Mein Navi und ich
oder: Wie Straßenkarten die Institution Ehe gefährdeten . . . .　11

Du hast den Farbfilm vergessen
oder: Wieso ich mein Smartphone gerne überall dabeihabe　15

Schon wieder dieser Krach!
oder: Warum neue Musik immer gewöhnungsbedürftig ist　19

Kosmopolitisch war ich schon immer
oder: Warum viele „Fremde" auch gut für uns sind . . . .　25

Knast für alle?
oder: Wie sehr wir von liberalen Regelungen profitieren . . .　29

Que sera …
Warum eine Kristallkugel unnötig ist . . . .　35

Unken gab's schon immer
oder: Warum Pessimismus eine Haltung für Loser ist . . . .　41

Zuversicht
Aus Erfahrung die richtige Einstellung . . . .　45

Schmiede Pläne I
Weil gute Vorsätze einfach guttun . . . .　51

Schmiede Pläne II
Alles eine Frage der Einstellung . . . .　55

Schmiede Pläne III
Lohnt sich das denn noch? 59

Regenbogen fangen
Warum eigentlich nicht? 63

Warum werden Sie nicht einfach jünger?
oder: Wie man der Zeit den Zahn zieht 67

Jugendlicher Leichtsinn trifft Altersmilde
oder: Take it easy, altes Haus 71

Narrenfreiheit
Ein Privileg des Alters 75

Nicht aller Tage Abend
Wie ein Ritual hilft und warum es kein Unsinn ist 79

The best is yet to come
oder: Ich kann noch alles ändern 83

Blick zurück
oder: Warum ich nicht gerne früher gelebt hätte 87

Lieblingstag?
Jeder Tag ist was Besonderes 93

Die Einschläge kommen näher
Immer mal wieder ans „Trotzdem" denken! 97

Genieße die Freiheit!
oder: Wie ich lernte, das Alter zu lieben 101

Die Schrecken unserer Zeit
oder: Warum Vergänglichkeit auch gut sein kann 105

Generationenfrage
Werden sie es besser haben? 107

Naivität ist nicht naiv
oder: Warum man öfter optimistisch sein sollte 111

76 ist das neue 46
Älterwerden als Jungbrunnen? 115

Home, smart home …
Staunen, genießen – und nicht allzu ernst nehmen 117

Profi über Nacht
oder: Wie wir immer besser werden 123

Tanze Limbo mit mir
oder: Wieso wir alle süchtig sind und warum das gut ist . . . 127

Der Mensch ist ein seltsames Tier
oder: Lob auf die Elefanten! 131

Von besinnlich bis sinnlich
oder: Vorfreude ist die schönste Freude 135

Stirb und werde
oder: Warum man von einem Schrebergarten viel lernen kann 139

Nostalgie
Eine Liebeserklärung 143

Mehr Harold und Maude
oder: Wenn die Realität die schönsten Happy Ends schreibt 147

Jawohl, Eure Hoheit!
oder: Wie wir alle keine Untertanen mehr wurden 151

Mensch, Sky!
Neue Leute, neues Glück 155

Die Letzten werden nicht die Letzten sein
oder: Warum ich auf die nächsten Generationen vertraue 161

Kleine Lebenslügen
oder: Warum man sich manchmal selber was vormachen
muss   165

Weil wir uns wiedersehen
Ein Schlusswort   169

Quellen   173

VORWORT

Früher war bekanntlich alles besser. Richtig? Nein, natürlich nicht. Sicher, vieles war besser als heute, doch vieles ist heute besser als früher – und noch vieles mehr wird in Zukunft besser sein, als es heute ist!

Wenn ich mit Freunden meines Alters zusammensitze, bekommt das Gespräch oft eine nostalgische Note. Dann fängt der eine darüber zu schimpfen an, dass man die Musik heutzutage nicht mehr anhören kann, der andere beklagt, dass keiner mehr arbeiten will, und der Dritte jammert, dass man ohne Informatikstudium keine Kaffeemaschine mehr bedienen kann.

Natürlich steht jedem ein eigener Musikgeschmack zu, man kann mehr Leistungswillen fordern und analoge Dinge lieben. Aber man kann die Welt auch ganz anders betrachten! Und das versuche ich, am liebsten jeden Tag – und ich genieße es! Wenn man sich darauf einlässt, ist die Musik, die unsere Kinder hören, genauso aufregend und vielfältig, wie es die Musik unserer Jugendzeit war. Wenn man bedenkt, wie selten viele Väter früher ihre Kinder gesehen haben, ist es doch großartig, dass es heute

Elternzeit oder auch Arbeitsplätze mit weniger Wochenstunden gibt. Und die Technik? Aufregend! Spannend! Interessant! Was gibt es Schöneres, als noch ein bisschen mehr Zukunft ins eigene Leben einzulassen?

Ja, die Welt ist kompliziert geworden. Wir werden von schlechten Nachrichten überflutet und mit manchmal gewaltigen Herausforderungen konfrontiert. Wenn wir an den Klimawandel denken, kann einem angst und bange werden, wenn wir über die politische Weltlage nachdenken, kann man verzweifeln, wenn wir sehen, wie sehr sich das Leben beschleunigt hat, ist einem manchmal, als müsste man aus der Kurve fliegen. Das will ich gar nicht kleinreden. Wir sind schließlich alle nur Menschen, und wer ein paar Tage auf diesem Planeten gelebt hat, weiß, dass es ganz schön anstrengend sein kann, ein Mensch zu sein. Da muss man noch nicht mal Nachrichten geguckt haben.

Aber gerade deshalb ist es so wichtig, positiv in die Zukunft zu blicken und auch all das Gute zu sehen, das auf uns zukommt! Das will ich mit diesem Buch anhand der unterschiedlichsten Beispiele tun – wie immer anhand von Geschichten und Überlegungen aus meinem eigenen Leben.

Ist es ein bisschen geschwindelt? Ja, klar. Ist es eine Art Selbsttherapie? Ganz sicher! Aber ganz im Ernst: Dennoch kann es doch wahr sein, oder nicht?

MEIN NAVI UND ICH

oder: Wie Straßenkarten die Institution Ehe gefährdeten

Kürzlich stand in der Zeitung, dass eine österreichische Familie, die eigentlich nach Kroatien unterwegs war, im Westerwald gelandet ist. An der Stelle muss zuallererst einmal erwähnt werden, dass mir nichts ferner liegt, als über Österreicher Witze zu machen. Es hätte genauso gut einer deutschen Familie passieren können. Es hätte *mir* passieren können! Obwohl ... Nein, eher nicht. Denn was geschehen ist, klingt einfach nicht nach mir.

Die Urlaubsreisenden waren mit dem Auto unterwegs gewesen. Und um sich nicht zu verirren, hatten sie das Zwischenziel ihrer Reise ins Navi eingegeben: Salzburg. Man rechnet in einem solchen Fall natürlich damit, in Salzburg zu landen. Was sie auch taten. Nur nicht in dem Salzburg, das ihnen vorschwebte. Sie wollten nämlich in die Mozartstadt an der Salzach, in der es alljährlich Festspiele und außerdem die berühmten Nockerl gibt, die Felsenreitschule und den Dom, Sie wissen schon.

Stattdessen landete die Familie in Salzburg in Rheinland-Pfalz. Denn auch dort gibt es einen Ort dieses Namens. Kleine Auffüllung einer Wissenslücke: Salzburg liegt zwischen Siegen und Limburg, und zwar auf 600 Metern Höhe. Es hat eine Fläche von 2,3 Quadratkilometern und 218 stolze Einwohner! Ach ja, und die Postleitzahl 56479. Was man sonst noch darüber wissen muss? Es liegt nicht in Österreich!

Das hätte der Familie auffallen können, ist es aber nicht. Ich würde behaupten, das spricht dafür, dass die Reise vergnüglich war. Also: bis dahin. Wenn man dann aber nach 620 Kilometern feststellt, in die falsche Richtung gefahren zu sein, kann man das auch als nicht ganz so vergnüglich betrachten. Näheres werden wir vermutlich nie erfahren. Hoffen wir einfach, dass der Rest des Urlaubs planmäßiger verlief.

Weshalb ich das erzähle? Weil ich staune! Denn ich liebe mein Navi! Navigationsgeräte sind eine absolut großartige Erfindung. Sicher, auch meines hat schon mal bei voller Fahrt auf der Autobahn „Bitte links abbiegen" gesagt. Davon abgesehen, ist das Navi ein Segen. Endlich vorbei die Zeiten, als man sich mit den ollen Straßenkarten herumschlagen musste. Am schlimmsten waren ja die von Falk. Kannten Sie die noch? Unmöglich gefaltet – und noch unmöglicher, wieder zusammenzufalten! Was habe ich mit den Dingern gekämpft und ein Exemplar sogar einmal bei voller Fahrt aus dem Fenster entsorgt.

Karten sind etwas für Entdecker des 19. Jahrhunderts. Na ja, genau genommen waren sie auch im 20. Jahrhundert noch für manche Entdeckung gut. Zum Beispiel habe ich vieles auf den

Straßenkarten entdeckt, was ich gar nicht gesucht habe. Nur die Orte, an die ich zu reisen gedachte, fand ich regelmäßig nicht. Und wenn ich sie fand, waren die Straßen gesperrt, in grauenhaftem Zustand oder gar nicht erst vorhanden. Sicher, rückblickend hat man so ein romantisches Bild vor Augen: zu zweit auf einer rustikalen Bank auf dem Parkplatz neben der Autobahn, der Picknickkorb steht daneben, sie sagt: „Ist das hier schön!"

Er zeigt während der Fahrt mit dem Finger auf Rothenburg ob der Tauber und sagt: „Warte mal, wie schön es hier erst sein wird."

Sie sagt: „Ich freue mich schon so." Und gibt ihm einen Kuss.

Und so weiter, Sie wissen schon.

Sie wissen natürlich auch, dass die Realität eher so war:

„Was bitte ist so verdammt schwer daran, eine Karte zu lesen?"

„Nichts! Ich habe schon bei der letzten Ausfahrt gesagt, dass du endlich von der Autobahn sollst!"

„Dann wären wir jetzt in Rotterdam, nicht in Rothenburg."

„Ja, ja, mach dich nur lustig. Wenn du den Weg wüsstest, bräuchten wir diese dämliche Karte erst gar nicht!"

„Oh, Mann, jetzt haben wir den Salat: Stau!"

„Den konnte ich ja wohl kaum auf deiner Uralt-Straßenkarte sehen, oder?"

„Schon klar. Auf einer neuen hättest du ihn vermutlich entdeckt."

„Ich fass es nicht! Soll ich jetzt schuld sein!"

Haben wir so oder so ähnlich alle erlebt, nicht wahr? Und heute? Sagt mir die Echtzeitnavigation nicht nur, wo der Stau anfängt und wie lang er sein wird, wie viel Zeit ich verlieren werde und wann die Zusammenballung am heftigsten wird, sie rechnet mir sogar noch innerhalb von Sekunden aus, welche Alternativrouten es gibt, und lässt mich sogar wissen, wo es unterwegs einen Snack gäbe oder eine Möglichkeit, eine Pinkelpause einzulegen. Alles enthalten in diesem Wunderwerk der Technik.

Niemand weiß, wie viele Ehen vor der Scheidung bewahrt wurden, weil sich Frau und Mann nicht mehr um den Gebrauch von Straßenkarten streiten mussten. Aber ich würde wetten, es waren einige.

Wer auf moderne Technik schimpft, hat meist bloß vergessen, wie mangelhaft die alten Techniken waren.

DU HAST DEN FARBFILM VERGESSEN

oder: Wieso ich mein Smartphone gerne überall dabeihabe

Ein guter Freund von mir hat mal ein Buch geschrieben über die Segnungen der analogen Welt. Es ist ein kluges Buch, in dem er allerlei Bedenkenswertes darüber zum Besten gibt, welche Gefahren die Digitalisierung mit sich bringt, und sehr überzeugend darlegt, wie toll doch ein *echtes* Telefon ist oder eine *richtige* Fotokamera.

Mich überzeugt das nicht. Ich bin dankbar dafür, dass uns die Digitalisierung von Ballast befreit. Denn das tut sie! Ein Experiment: Legen Sie doch mal einen kleinen Koffer heraus, so einen, wie man ihn fürs Handgepäck mit auf Flugreisen nimmt. Und jetzt schnappen Sie sich Ihr Smartphone und überlegen, was Sie damit alles tun können. Welche Geräte ersetzt dieses fünf mal zehn Zentimeter große, flache Ding, das Sie bequem in die Gesäßtasche stecken können? Legen Sie jedes dieser Geräte, sofern Sie sie überhaupt noch haben, in den Koffer. Was werden Sie am Ende alles drin haben?

Fangen wir bei der Fotokamera an. Qualitativ liegen wir da eher bei der Spiegelreflex als bei der schicken Ritsch-Ratsch-Kamera. Was immer sich noch irgendwo in Ihrem Haushalt findet: Werfen Sie's in den Koffer. So wie die Videokamera. Und das Telefon. Den Kompass nicht vergessen! Und das Blutdruckmessgerät. Die Taschenlampe schon eingepackt? Die Uhr. Aha, ja: Das Fotoalbum ist natürlich auch drauf auf dem Smartphone. Also bitte Alben in entsprechender Stärke dazulegen. Ebenso wie die Plattensammlung. Und die Bücher! Straßenkarten, klar. Kalender und Notizblock schon eingepackt? An den Taschenrechner haben Sie sicher gedacht, oder? Die Tageszeitung gehört eingepackt! Und die Lupe. Ein Diktiergerät haben Sie nicht? Denken Sie sich einfach eines, Sie dürfen es ersetzen durch ein Stück Schweizerkäse. Der Fahrplan der öffentlichen Verkehrsmittel muss noch Platz finden. Ach ja, und natürlich alles Wissen dieser Welt! Wie man das einpacken soll? Schmeißen wir einfach den Großen Brockhaus in den Koffer und tun wir so, als stünde alles drin. Wenn das noch immer nicht genug ist – es gibt tausende von Spielen, die auch mitgenommen werden müssten.

Jetzt mal ehrlich: Ist es nicht ein Wunder? Das Weltwissen von Jahrtausenden und die wichtigsten praktischen Werkzeuge in einem einzigen kleinen „Döschen"! Jederzeit verfügbar, überall auf dem Planeten, zu einem Preis, den man nur dann wirklich teuer findet, wenn man sich nicht klarmacht, was man alles dafür erhält.

Und immer kommt Neues dazu. Täglich gibt es noch mehr „Anwendungen" für diese Minicomputer. Man muss sie nicht alle gut finden, man wird sie nie alle selbst brauchen. Manche sind fragwürdig, andere vielleicht gefährlich. Aber die Möglichkeiten, die so ein Smartphone bietet, sind überwältigend. Ich jedenfalls liebe meines und würde es gegen den tollsten Plattenspieler, die großartigste Spiegelreflexkamera und die teuerste Armbanduhr nicht eintauschen.

Das Smartphone zeigt, dass die moderne Technik uns unglaubliche Möglichkeiten eröffnet. Sie wird die Zukunft der Menschheit bereichern. Wahrscheinlich. Vielleicht wird sie sogar die Menschheit retten. Selbst meine Uhr schlägt, dank einer Sirene, Alarm, wenn ich stürze.

SCHON WIEDER DIESER KRACH!

oder: Warum neue Musik immer gewöhnungsbedürftig ist

Ich bin ja keiner von den Männern, für die ein Kochtopf ein Ufo ist. Wenn die Kinder bei mir sind, dann wird richtig gekocht, und zwar nicht bloß Marke „Papa stellt sich an den Grill und wir müssen den Abwasch machen", sondern so richtig à la Familienküche. Meine Spaghetti: äußerst beliebt. Meine Lasagne: ein Kracher. Meine Pancakes: legendär!

Kürzlich stand ich also in der Küche, um ein paar schöne Lachsfilets mit Risotto zu machen, wie immer lief dazu eine Playlist meiner Lieblingssongs. Diesmal waren es eher die älteren Stücke. Ein bisschen Stones, ein bisschen Buddy Holly ... Und dann steht plötzlich meine Tochter in der Tür. „Geile Mucke, Papa!"

„Ja, nicht wahr? Die waren auch ziemlich gut damals."

Zu meiner Überraschung sagt sie: „Schön, dass du ab und zu sowas hörst. Ich wüsste sonst gar nicht, dass es da so coole Sachen gibt."

„Kannst meine Playlist haben", schlage ich vor. „Da ist noch mehr davon drauf."

„Hab ich schon, Papa", sagt sie. „Ich folge dir doch auf Spotify."

Wow, denke ich mir. Genial. „Kann ich dir auch folgen?"

„Klar!" Sie zückt ihr Smartphone, zeigt mir ihr Profil auf der Plattform, schnappt sich meines und will wissen: „Deine PIN?"

„Na was wohl: Dein Geburtstag natürlich."

„Och, süüüüß, Papa! Aber du brauchst eine richtige PIN … und die solltest du dir dann wirklich merken!" Dabei guckt sie mich an und verdreht die Augen. „Alles klar, spätestens Morgen hast du sie vergessen, also bleiben wir beim Geburtstag …

Keine Minute später studiere ich ihre Playlist und stelle fest: Das meiste kenne ich. Aber das hier …? *I'm Good*. Guter Titel. Ich verbinde das Smartphone meiner Tochter mit meinem Bluetooth-Lautsprecher und lausche. Zunächst ertönt ein bisschen Elektrogeklimper, dann setzt eine (zugegeben etwas nervige) Frauenstimme ein. Und im nächsten Moment geht auch schon die Post ab mit knackigen Beats und einem Tempo, dass man gar nicht anders kann, als mit den Hüften zu zucken. Yeah! Es ist nicht ganz der Stil, den ich mag, aber es ist richtig, richtig gut gemacht und hat seine Qualitäten. Wie so vieles, was gerade angesagt ist. Ich kann mit Harry Styles genauso mitgehen wie mit den Beatles, mit David Guetta wie mit den Beach Boys. Weil all das gute Musik ist. Damals und heute!

Manchmal lege ich mir eine von meinen alten Lieblingsschallplatten auf und genieße Erinnerungen an frühe Rendezvous oder an die Zeit, als ich mit ein paar Freunden in der Disco war. Trotzdem freue ich mich über einen neuen Song von Pink genauso wie über einen der Klassiker von Cat Stevens. Andere Zeiten, andere Vögel, klar. Aber die Vögel von früher waren nicht besser als die von heute. Sie haben nur andere Lieder gesungen!

Ich finde es schade, wenn man immer nur die Musik der eigenen Jugend hört. Sicher, die hat einen geprägt. Dass man eine besondere Beziehung zu Songs hat, die einem in einer bestimmten Phase des eigenen Lebens Spaß gemacht und Trost gespendet haben oder einen super Soundtrack für den ersten Urlaub ohne Eltern waren, das verstehe ich total. Das kenne ich auch und mag es auch. Aber das Leben hört ja nicht auf, immer wieder neue Erlebnisse zu bieten, für die man „Filmmusik" braucht. Im Gegenteil! Wenn ich in Zukunft David Guetta höre, werde ich immer an meine Tochter denken und daran, wie sie zu mir in die Küche gekommen ist und mir erzählt hat, dass sie mir auf Spotify folgt. Sind das nicht schön Erinnerungen? Wer weiß, womit sie mich morgen überrascht.

Der nächste Urlaub kann seinen ganz eigenen Soundtrack nur bekommen, wenn ich nicht zu allem und jedem die alten Sachen spiele. Es ist leicht, sich in seiner Altersblase einzurichten. Auch das Alte ist ja überall und jederzeit verfügbar. Ich kann mir rund um die Uhr an jedem Ort der Welt Elvis anhören, Buddy Holly, die Monkeys oder The Clash. Nur: Wozu? Ich will doch nicht mein ganzes Leben in einer Dauerschleife verbringen. Weshalb sollte also der Soundtrack meines Lebens in Dauerschleife laufen?

Ich weiß, dass viele nostalgisch werden, wenn es um Musik geht. Vielleicht würden die meisten Menschen meines Alters sagen, dass die Musik früher besser war. Aber ganz ehrlich: Unsere Eltern hätten das über ihre Musik auch gesagt. Und deren Eltern über deren Musik ebenfalls! Diese „Früher-war-alles-besser"-Haltung führt nur dazu, dass man sich den Spaß am Neuen nimmt. Wer sich auf das Neue einlässt, wird seine Freude daran haben! Auch die aktuellen Songs können begeistern, mitreißen, trösten oder einfach, wie meine Tochter sagt, „geil sein".

Das gilt übrigens nicht nur für Musik! Ich finde es zum Beispiel interessant, wie sich das Erscheinungsbild der Menschen verändert. Viele Alte würden vermutlich zustimmen, wenn ich behaupte: Früher waren die Menschen besser angezogen. Behaupte ich aber nicht. Weil es nicht stimmt. Sie waren nicht besser angezogen, besser frisiert oder rasiert, sie haben sich nur *anders* gestylt.

Mal im Ernst: Wer würde heute noch aussehen wollen wie Paul Breitner oder Günter Netzer in ihren aktiven Fußballerjahren? Wer würde optisch gerne Elvis Konkurrenz machen oder Karl Marx, dem alten Zausel? Wer würde sich anziehen wollen wie Abba oder Dalida?

Vieles kommt ja witzigerweise wieder. Nur anders. Zurzeit sind Schlaghosen wieder in. Finde ich originell. Mir haben sie in den Siebzigern schon nicht besonders gefallen. Aber heute wie damals gucke ich sie mir gerne an, wenn die richtige Frau drinsteckt. Die Bärte, die die jungen Männer jetzt haben, sind viel gepflegter als die von anno dazumal. Da hätten sich die Ururgroßväter mal ein Beispiel nehmen können. Ich mit meiner Glattrasur bin natürlich inzwischen völlig out. Heute trägt man oben mit und unten ohne. Auch eine Mode. Wie alles. Vielleicht wird es mal wieder andersrum sein. Ist das nicht erstaunlich? Und dann gilt das, was heute als No-Go gilt, wieder als hip. Vielleicht geht es dem Arschgeweih oder dem Nabelpiercing ähnlich: Heute in, morgen out, übermorgen wieder in und so weiter. Wer das Neue stets ablehnt, der wird die meiste Zeit seines Lebens selbst eher in die Kategorie „Out" fallen. Also ich würde da nicht gerne dazugehören.

Früher war weder die Musik besser noch die Mode. Nicht der Körperschmuck noch die Frisuren. Und heute ist nicht alles schlechter. Anders, ja, schlechter, nein. Und morgen genauso wenig. Deshalb bin ich immer neugierig, was als Nächstes kommen mag. Ich halte es da mit der alten Weisheit *panta rhei*: *Alles fließt.* Oder, um es mit meinem neuen Motto auszudrücken: *I'm good.*

KOSMOPOLITISCH WAR ICH SCHON IMMER

oder: Warum viele „Fremde"
auch gut für uns sind

Das Neue ist ja immer das Fremde für uns. Wir kennen es noch nicht, wissen nicht, was da auf uns zukommt, wie wir damit umgehen werden, was es mit uns macht und was es mit sich bringt. Das kann einem schon auch ein bisschen Angst machen, natürlich. Andererseits: Wenn wir vor allem, was kommt, stets Angst hätten und immer nur das Schlechteste erwarten würden, dann bestünde unser ganzes Leben nur aus Angst.

Deshalb plädiere ich für einen komplett anderen Ansatz: Solange wir nicht wissen, was auf uns zukommt, sollten wir ganz einfach stets das Beste erwarten. Die Wahrscheinlichkeit, dass ein Serienmörder vor der Tür steht, wenn es klingelt, ist nun einmal wesentlich geringer, als dass es sich um den Postboten handelt. Und was im Kleinen gilt, gilt auch im Großen! Wir sollten nicht in ständiger Angst davor leben, dass „Fremde", die zu uns kommen, automatisch „böse" sind. Im Gegenteil: Die allerallermeisten Menschen, die den Weg hierher finden, sind Menschen „wie du und ich". Na ja, vielleicht sogar noch ein bisschen mehr „wie ich".

Es ist keine neue Erkenntnis, dass wir alle in fast allen Ländern dieser Welt Ausländer sind, also Fremde. Persönlich habe ich diese nationale Haltung nie ganz nachvollziehen können. Aber das mag an meiner Biografie liegen. Denn ich wurde als Kind deutscher Eltern in Argentinien geboren, wuchs dann in London, der Schweiz und zuletzt in München auf. Weshalb Spanisch mir ebenso vertraut ist wie Englisch oder Deutsch. Schon seltsam eigentlich, ich bin um die halbe Welt gereist, um irgendwann hier zu bleiben, aber fremd habe ich mich nie gefühlt. Das hängt sicher damit zusammen, dass man mich nie als Fremden betrachtet hat. Für die Argentinier war ich Argentinier, für die Engländer Engländer. Und für die Deutschen bin ich ganz klar ein Deutscher. Bin ich ja auch alles. Gleichzeitig. Ich fühle mich überall zuhause, weil man mich überall akzeptiert. Das hat es mir überall leicht gemacht, integriert zu sein.

Wie viel schwerer haben es da Menschen, die aus fernen Ländern hierherkommen und eben nicht ganz entspannt Deutsch sprechen, sondern Sprache und Kultur erst einmal lernen müssen. Wenn sie dann noch ausgegrenzt werden, wenn man sie für gefährlich oder gar böse hält, dann ist das Verhältnis von vornherein vermurkst. Wenn ich bei mir um die Ecke zu Murat gehe, der einen türkischen Laden betreibt, oder zu Olga in die Wäscherei, dann stimmt mir jeder zu, dass es sich um wunderbare

Menschen handelt. „Aber das ist ja auch Murat", sagt mir dann mein Freund Klaus, mit dem ich öfter über das Thema diskutiere. „Der zählt nicht."

„Ach, und warum zählt er nicht?"

„Weil wir den kennen und weil er schon lange da ist. Murat ist ein Guter. Aber er ist nicht repräsentativ."

In letztem Punkt kann ich immerhin zustimmen: „Sicher ist er nicht repräsentativ. Weil ein einzelner Mensch nie repräsentativ sein kann."

„Eben", sagt Klaus, und denkt, er sei im Recht. Ist er aber nicht!

„So wie die hunderttausend anderen."

„Welche anderen?"

„Von denen du sagst, die seien gefährlich. Jeder Einzelne von denen ist doch ganz anders. Und keiner ist repräsentativ. Weil jeder nur ein Einzelner ist."

„Das ist spitzfindig", erklärt mein alter Kumpel, der ja sonst schwer in Ordnung, in dem Punkt aber leider ziemlich unverbesserlich ist. „In der Summe sind sie gefährlich."

„Wer ist *sie*?", will ich wissen.

„Die Ausländer."

„Jeder Einzelne?"

„Nicht jeder Einzelne. Aber alle zusammen!"

„Und? Hast du sie schon mal alle zusammen gesehen? Die kommen doch einzeln. Jeder ist ein Individuum. Jeder hat sein eigenes Schicksal, seine eigenen Pläne und Hoffnungen und seine eigene …"

„Und was schlägst du dann vor?", will Klaus wissen.

„Dass wir jedem seine Chance geben. Bis mir einer das Gegenteil beweist, möchte ich ihn für einen guten Menschen halten."

„Träum weiter."

„Im Ernst: Jeder könnte doch unser Freund sein. Du hast auch ausländische Freunde, Klaus."

„Hmm. Ein Beispiel?"

„Ich! Ich bin in Argentinien geboren, in London ..."

„Jetzt kommt er wieder mit der Geschichte", jammert Klaus und wendet sich seinem Bier zu.

„Ich bin auch Ausländer, Klaus."

„Schon gut, Sky. Aber denkst du, dass du deshalb was Besseres bist?"

„Nein. Denkst du das?"

„Ganz sicher nicht!"

„Na also!", rufe ich und stoße mein Glas gegen seines. „Wir sind uns einig, dass Ausländer nicht automatisch was Besseres sind. Und deshalb solltest du mir zustimmen, dass sie auch nicht automatisch was Schlechteres sind."

Denn das sind sie nicht. Es ist nicht leicht, sich nicht von den alarmistischen Meldungen in den Medien anstecken zu lassen, wenn es wieder heißt, dass soundsoviele hunderttausend Flüchtlinge zu uns gekommen sind und soundsoviele hunderttausend weitere schon in den Startlöchern stehen. Aber es fällt leichter, wenn man sich klarmacht, wie viele tolle Fachärzte, Altenpfleger, Gemüsehändler, Baristas, Servicekräfte, Sportler, Literaten und vor allem Freunde zu uns kommen. Jede und jeder Einzelne kann eine Bereicherung für uns sein, man muss ihnen nur die Chance dazu geben.

KNAST FÜR ALLE?

oder: Wie sehr wir von liberalen Regelungen profitieren

Die gute alte Zeit, was? War das nicht schön, als es noch einen König gab, einen Kaiser gar? Als die Damen noch Mieder trugen und die Herren noch Zylinder? Als das Bier auf dem Oktoberfest in München noch zwölf Pfennige kostete (und nicht zwölf Euro wie heute), man sich auf dem Prater in Wien fesch anzog, die Kinder „Herr Papa" sagten, die Dienstmädchen knicksten und man zur Sommerfrische an die See mit der Kutsche fuhr (ganz ohne Flugscham und CO_2-Fußabdruck)?

Das war schon was. Früher war die Luft sauberer, das Wasser sowieso, die Menschen kleideten sich besser und siezten sich, wenn sie einander nicht kannten – oft auch dann noch viele Jahre. Es war eben die gute alte Zeit, nicht wahr?

War es natürlich nicht. Die Luft war verpestet vom Ruß der Fabriken, es stank nach Mist und Abfall in den Städten, es gab keine ausreichende Kanalisation, und dass die Dienstmädchen knicksten, erfreute vielleicht die Herrschaft, aber nicht unbedingt das Dienstmädchen. Überhaupt war die sogenannte gute alte Zeit eine schrecklich ungerechte. Es war eine Klassengesellschaft in politischen Unrechtssystemen, egal, wohin man auf dem Planeten blickte. In vielen Ländern gab es noch Sklaverei, Schwarze durften nicht wählen, Frauen durften nicht wählen – und wer seine Meinung öffentlich sagte, riskierte nicht weniger als sein Leben!

Nicht bei uns? Auch im deutschen Kaiserreich herrschte Zensur. Auch bei uns gab es den Straftatbestand der Majestätsbeleidigung, auch bei uns war die Hälfte der Bevölkerung von politischer Teilhabe ausgeschlossen, nämlich die weibliche. Die Stimmen von einfachen Leuten waren in Preußen weniger wert als die von Adeligen. Alles in allem kann man sagen, dass es vor hundert Jahren auf der Welt vermutlich keinen einzigen Rechtsstaat gegeben hat, der nach unseren heutigen Maßstäben diesen Namen verdient. Diktaturen überall! Und wo es „Demokratien" waren, da diktierten trotzdem zumindest die Männer über die Frauen, die Weißen über die Schwarzen oder sonst ein privilegierter Teil der Bevölkerung über einen anderen.

Was bin ich froh, heute zu leben! Denn aus damaliger Sicht muss die heutige Zeit „die gute neue Zeit" sein. Niemand verbietet mir zu sagen, was ich denke. Ich darf die Regierung kritisieren, wenn mir danach ist, ich darf demonstrieren, kann mir die Medien selbst aussuchen, die ich konsumiere – und die dürfen schreiben und senden, was sie wollen. Weil es nämlich keine

Zensur mehr gibt. Und das Beste: Meine Tochter hat die gleichen Rechte wie mein Sohn! Ich liebe es!

Natürlich sind trotzdem nicht alle Menschen gleichermaßen vom Glück verwöhnt. Es gibt Menschen, die bessere Startbedingungen ins Leben haben als andere, es gibt welche, die härter kämpfen müssen und vielleicht trotzdem nie auf einen grünen Zweig kommen. Die einen erben ein Vermögen und gehören zu den „Reichen und Schönen", die anderen kommen aus prekären sozialen Verhältnissen und strampeln sich ab. Manche müssen mit einer Behinderung leben, manche mussten fliehen und mühen sich mit Integration und Sprachbarrieren ab. Aber allen ist doch eins gemeinsam, dass sie vor dem Gesetz gleich sind.

Deshalb kann ich nicht verstehen, warum sich manche Mitmenschen auf den Marktplatz stellen und dann laut verkünden, dass sie nichts zu sagen hätten oder dass man ihnen den Mund verbiete. Das wird dann in den Medien gezeigt und von ihnen selbst auf allen möglichen Plattformen verbreitet, zusammen mit der Botschaft, dass ihre Anliegen in ebendiesen Medien ignoriert würden und dass es bei uns eine heimliche Zensur gäbe. Gibt es nicht! Sonst wüssten wir doch gar nichts von diesen Demos, von der ganzen Wutbürgerbewegung und ihren Ideen und Zielen. Ich wünschte, alle diese Menschen, die bestimmt nicht alle egoistisch, böse und gemein sind, sondern im persönlichen Umgang vielleicht ganz freundliche Zeitgenossen, würden sich öfter bewusst machen, wie wertvoll es ist, dass sie tun dürfen, was sie tun. Der Effekt wäre allerdings vermutlich der, dass sie es nicht mehr täten. Denn unsere freiheitliche Verfassung in Anspruch zu nehmen mit dem Ziel, sie abzuschaffen, ist nicht nur paradox, sondern gefährlich.

Der Witz ist: Es muss doch gar nicht alles allen gefallen. Freiheit bedeutet bekanntlich immer die Freiheit des anderen. Wenn ich meinem Gegenüber erlaube, selbst zu bestimmen, wen er liebt, dann bedeutet das aus seiner Sicht, dass auch ich es mir aussuchen darf, ob ich so rum oder andersrum bin, ob es mich mehr hierhin oder dorthin zieht. Weil es ihn nichts angeht, wen ich liebe – und mich nicht, wen er liebt!

Wenn ich die Freiheit haben möchte, meine Freunde am Abend auf eine gute Flasche Wein einzuladen, habe ich nicht das Recht, jemand anderem zu verbieten, im Freundeskreis einen Joint herumgehen zu lassen, auch wenn ich es selbst ablehne, weil ich Sorge hätte, es könnte jemandem schaden.

Wenn ich selbst wählen gehen möchte, dann kann ich nicht erwarten, dass andere mit meiner Wahl zufrieden sind. Wenn ich meine Meinung frei äußern möchte, muss ich auch damit leben können, dass andere ihre – vielleicht völlig entgegengesetzte – Meinung äußern.

Die Demonstranten, die heute einen „starken Staat" fordern, wären für ihre Demos aufgehängt worden, als wir einen „starken Staat" hatten. Nein, es ist gut, dass wir so modern geworden sind. Und es ist gut, dass wir immer moderner werden! Denn das, was heute als richtig und normal gilt, kann von späteren Generationen als unfassbar menschenfeindlich betrachtet werden. Wer weiß schon, ob es in hundert Jahren nicht völlig üblich ist, dass drei oder vier Menschen eine Ehe eingehen, während heute nur zwei heiraten dürfen. Ob mehrere Staatsangehörigkeiten die Regel sind und nicht, wie heute, die Ausnahme. Ob es ein Wahlrecht mit vierzehn gibt. Oder gleich eine Stimme pro Kopf, egal wie alt oder jung dieser Kopf ist. Uns erscheint es ganz normal, dass es nicht so ist. Aber früher erschien es den Menschen ja auch ganz normal, dass es Sklaverei gab, dass man den Kaiser nicht kritisierte oder als Frau darauf zu hoffen hatte, die Männer würden schon die richtige Wahl treffen.

Wir wissen nicht, was die Zukunft bringt. Wir wissen aber, dass die Welt sich verändert und dass wir heute unglaublich viel bessergestellt sind als die Generationen vor uns. So kann es auch zukünftigen Generationen gehen. Ich wünsche es mir. Deshalb will ich der Veränderung nicht im Wege stehen. Wir sollten uns nicht einbilden, schlauer zu sein als die Menschen, die nach uns kommen. Gewiss, sie werden Fehler machen. Aber das tun wir auch. Und die, die vor uns waren, haben es auch gemacht. Aber dieses Recht genießt jede Generation: Fehler zu machen. Deshalb aber dürfen wir es auch. Das heißt aber nicht, dass wir es müssen. Weshalb wir auch die Freiheit haben, uns zum Beispiel für die Kutschfahrt an die See zu entscheiden statt für die Flugreise auf die Seychellen. Gut, daran, das gebe ich zu, muss ich meinerseits noch arbeiten. Aber das Schöne ist: Ich habe die Freiheit!

QUE SERA ...

Warum eine Kristallkugel unnötig ist

Neulich hat mich mein alter Freund Heinz auf eine Reise beglei-
tet. Ich hatte ein Engagement in einer sehr schönen mittelgro-
ßen Stadt in Brandenburg, er hatte Zeit und wollte mich sowieso
mal lesen hören – also beschlossen wir, das restliche Wochenende
noch an der Seenplatte zu verbringen, Heinz ist ja ein alter Segler,
der seit langem versucht, auch mich für diesen Sport zu begeistern. „Ist nur die Frage, ob das Wetter mitspielt", sagte Heinz.

„Ach", sage ich, „seien wir einfach optimistisch."

„Du bist gut. Davon wird das Wetter auch nicht besser." Und
guckt auf seine Wetter-App. Den „10-Tage-Trend". „Hmm",
macht er. „Sieht nicht so gut aus."

„Jetzt warten wir mal ab", erwidere ich. „Vielleicht wird es ja
doch schön!"

Zum Glück gibt es noch eine andere Wetter-App. „Hier sind
nur 30 Prozent Regenwahrscheinlichkeit", erklärt Heinz. „Aber
hier ..." Er hat noch eine dritte Wetter-App auf seinem Smart-

phone. „Die sagen gutes Wetter voraus. Nur leider schlechte Windverhältnisse."

„Du meinst Sturm?"

„Nö. Praktisch Windstille."

„Na, dann ist doch gut!"

„Zum Segeln?"

„Okay. Eher nicht." So viel verstehe ich von dem Sport auch, dass ein bisschen Wind dafür hilfreich ist. Dennoch: „Jetzt warten wir doch mal ab, Heinz. Wettervorhersagen sind doch seit jeher so zuverlässig wie deine Frau in Sachen Pünktlichkeit."

„Oh!", widerspricht mein alter Freund. „Du tust ihr Unrecht. Sie ist da extrem zuverlässig. Sie kommt immer eine halbe Stunde zu spät. Mindestens. Aber gut, wir warten."

Bei Heinz bedeutet warten allerdings nicht, dass er nichts täte. Vielmehr checkt er seine gesammelten Wetter-Apps die nächsten sieben Tage praktisch ununterbrochen. Und erstattet mir Bericht:

Montag: „Sky, die Lage scheint sich zu bessern. Ich hab uns schon mal was gebucht. Schnuckelige Siebenmeter-Jolle. Kannst deine Segelsachen schon mal einpacken." (Wieso denkt er, ich hätte Segelsachen?)

Dienstag: „Der DWD sagt Sturmbösen voraus. Bist du eigentlich seetauglich?" – „Seetauglich?" – „Na, wirst du leicht seekrank? Oder kommst du mit bisschen Seegang klar." – „Seegang? Ich denke, wir schippern auf der Seenplatte." – „Schon, aber bei Windstärke zehn hat auch deine Badewanne Seegang." Na, super, schöne Aussichten.

Mittwoch: „Hab das Boot wieder storniert. Es wird das ganze Wochenende durchregnen. Mein Wetter sagt sogar Starkregen voraus. Zehn Liter pro Quadratmeter innerhalb von zwei Stunden, stell dir vor." – „So genau können die das prognostizieren?" Ich staune.

Donnerstag: „Good news, mein Freund! Wird vielleicht doch nicht ganz so wild. Inzwischen meldet der RBB nur noch leichte Regenfälle, vor allem morgens. Bis wir dich aus den Federn gezogen haben, strahlt längst die Sonne, haha!" Haha.

Freitag: „Sky? Hör mal, im Moment sagt jede App was anderes. Ich hab jetzt doch nichts mehr reserviert. Das kann ich ja noch vom Auto aus machen, wenn wir unterwegs sind. Ich hab keine Lust Stornogebühren zu zahlen, verstehst du?"

Verstehe ich völlig und bin außerdem dankbar, dass damit ein bisschen der Druck rausgenommen ist. Als ich Heinz am frühen Nachmittag bei sich zu Hause abhole, ist er ein Nervenbündel, ein Wrack, um im Bild zu bleiben. „Geht's dir nicht gut?"

„Ach, mich macht das nur fertig, dass wir nicht planen können." Kaum sitzt er im Wagen, zückt er schon wieder das Handy. „Wetter.com sagt für morgen Regen ab acht Uhr morgens voraus und praktisch den ganzen Tag. Der Deutsche Wetterdienst sagt auch Regen voraus, aber nur bis acht Uhr morgens. Und Warnwetter behauptet, ab Mittag sei mit orkanartigen Böen zu rechnen."

„Warnwetter?"

„Auch eine App."

„Hmm. Und welche hat recht?"

„Woher soll ich das wissen?"

„Ich habe keine Ahnung, mein Lieber", erkläre ich Heinz. „Ich frage mich nur, wozu du dir die ganze Woche über einen Kopf wegen des Wetters gemacht hast, wenn du es noch nicht einmal am Vorabend sicher weißt."

„Weshalb?" Heinz kann sich wunderbar aufregen. Er wird dann immer so theatralisch. „Deinetwegen natürlich!", ruft er empört. „Ich will dir schließlich einen 1A-Segeltörn bescheren."

„Und dazu brauchen wir gutes Wetter."

„So ist es."

„Kann man aber nicht bestellen, oder?"

„Nee", sagt er verdrießlich, „kann man nicht."

Und deshalb finde ich, dieses Auf-Wetter-Vorhersagen-Starren bringt nichts. Könnte man sich darauf verlassen, wäre es was anderes. Aber so führt es nur dazu, dass man sich tagelang stresst, weil das Wetter beim Segelausflug, beim Geburtstagspicknick oder bei der Hochzeitsfeier schlecht werden wird, nur um sich dann entweder weiter zu ärgern, weil die Vorhersage sich bewahrheitet hat, oder um festzustellen, dass der ganze Ärger völlig unnötig war, weil das Wetter überraschenderweise doch schön ist.

Ich verstehe ja jeden, der gerne frühzeitig mehr wüsste, weil er wichtige Dinge zu planen hat. Wer sich überlegen muss, ob er heute oder morgen oder übermorgen die Ernte einholt, der wird ganz sicher auf die Zuverlässigkeit der Wettervorhersage zählen. Wer planen will, ob er für die Familienfeier den Nebenraum oder die Terrasse reservieren soll, ebenfalls. Aber ganz generell finde ich es Unsinn, ständig auf die meteorologischen Prognosen zu starren und sich schon mal prophylaktisch zu ärgern, dass das Wetter nicht wird, wie es soll. Vielleicht wird es ja doch! Wenn ich mich schon ärgern muss, dann lieber nur kurz, wenn es soweit ist. Und nicht zehn Tage im Voraus.

Und das gilt nicht nur fürs Wetter. Klar, in vielerlei Hinsicht helfen uns Prognosen, einer Gefahr entgegenzuwirken. Es entzieht sich ja nicht alles dem menschlichen Einfluss so konsequent wie das Wetter der nächsten Tage und Wochen. Wenn wir es langfristiger betrachten, dann ist es gut, dass wir wissen, wohin uns der Klimawandel führt, sofern wir ihn nicht besser bekämpfen. Es ist gut, wenn mich der TÜV darauf hinweist, dass ich meine Bremsklötze erneuern muss – am besten, bevor ich bei der nächsten Fahrt auf der Autobahn ins Stauende rase. Oder wenn mir der Arzt einen zarten Tipp gibt, dass ich an meinen Cholesterinwerten arbeiten sollte, falls ich an meinem Leben hänge.

Im Alltag aber und für die weniger bedeutsamen Angelegenheiten bin ich ganz dankbar, dass es keine Kristallkugel gibt, in die man immerzu starren könnte, um herauszufinden, was wahrscheinlich passieren wird. Kristallkugeln sind zu unzuverlässig – und alles im Vorhinein zu wissen (oder schlimmer noch: zu mutmaßen), verleidet einem die Freude am Dasein.

Ach, Sie wollten noch wissen, wie die Geschichte mit dem Segelausflug endete? Was soll ich sagen, wir hatten bestes Wetter, eine angenehme Brise, kaum Wellengang – ich war begeistert. Und die Orkanböen müssen woandershin gezogen sein. Heinz hat recht, zumindest in dem Punkt: Segeln ist schön und macht Spaß!

UNKEN GAB'S SCHON IMMER

oder: Warum Pessimismus eine
Haltung für Loser ist

Im Ernst, Sie leben noch? Sie sollten seit 2013 tot sein. Spätestens! 2013 ist schließlich die Sonne explodiert. Haben Sie nicht
mitbekommen? Erstaunlich. Der Astrophysiker Piers van der
Meer hat das absolut solide ausgerechnet und der Allgemeinheit
prognostiziert – keine Ahnung, wozu. Man hätte wohl kaum etwas dagegen tun können, oder?

Gott sei Dank verzögert es sich mit der Explosion offenbar
etwas, es scheinen Manager der Deutschen Bahn an der Planung
beteiligt gewesen zu sein. Das hat es uns erlaubt, die neue Eiszeit
noch mitzubekommen, die 2014 über die Welt hereingebrochen
ist. Sie wissen schon, dieses apokalyptische Ereignis, das uns der
Astrophysiker Chabibullo Abdussamatow vorhergesagt hat und
an dem wir alle zugrunde gegangen sind. Also, um der Wahrheit
die Ehre zu geben: Ich nicht. Sie auch nicht? Seltsam. Nun, das
hat uns zumindest ermöglicht, den großen Chemiewaffen-Krieg

noch mitzuerleben, den die Wahrsagerin Baba Wanga prognostiziert hat und an dem wir elend krepiert sind. Sonst hätten wir am Ende noch den Zusammenstoß der Erde mit dem bis dahin unentdeckten Planeten Nibiru verpasst, den uns gut informierte Online-Quellen dankenswerterweise frühzeitig gesteckt hatten. Und die mussten es schließlich wissen, die hatten es nämlich von Zecharia Sitchin, wer immer das ist.

Falls Sie zufällig (wie ich) auch dieses Szenario mit heiler Haut überstanden haben, sind sie zumindest 2016 ersoffen. Das war nämlich der Termin, den der Klimaforscher James Hansen für die totale Gletscherschmelze errechnet hat, die zu verheerenden Überflutungen des Festlands geführt hat.

Sie wohnen in Afrika? In Australien? Keine Gletscher weit und breit? Sie sind ja nicht tot zu kriegen. Offenbar hat es auch nichts geholfen, dass Nostradamus den Atomkrieg prophezeit hat und zwischenzeitlich Jesus Christus mehrmals wiedergekommen ist, der Jüngste Tag also längst im Gange ist. Aber wie heißt es so schön: It ain't over until it's over. Zählen wir also darauf, dass die Messiah Foundation ihr Handwerk beherrscht und die von ihr vorhergesagte Kollision der Erde mit einem Kometen nicht wieder von Bahnmanagern gehandled wird.

Es ist ja nicht so, als wäre unser Leben frei von Katastrophen. Aber wenn man sich ansieht, wie oft die Welt bis zum heutigen Tag schon untergegangen sein müsste, dann muss die Frage erlaubt sein: Habt Ihr sie noch alle?

Katastrophenvorhersagen haben immer Konjunktur. Die einen lassen nur das Abendland untergehen, die anderen gleich das ganze Weltall implodieren. Besonders perfide ist es, wenn gleich noch ein Schuldiger ausgemacht wird: sei es der Nachbar mit dem Swimmingpool, sei es das „Finanzjudentum". Dadurch klingen selbst die dümmsten Vorhersagen, als hätten sie sich schon bewahrheitet.

Ich finde, Unkenrufe haben vor allem einen echten Effekt: Sie vermiesen einem die Lebensfreude. Weil wir wie das Kaninchen auf die angebliche Schlange starren, machen wir keine Freudensprünge mehr. Dabei sollte uns ein Blick in die Vergangenheit lehren, dass es meist nicht so schlimm kommt wie vorhergesagt, und dass wir besser daran tun, positiv mit Herausforderungen umzugehen.

Statt Millionen Menschen auf der Flucht als Schnorrer zu verunglimpfen und den Untergang des Abendlands auszurufen, sollten wir sie als Bereicherung unserer Gesellschaft und unserer Wirtschaft mit offenen Armen empfangen. Statt voll Wut und Zorn darauf zu warten, dass der Planet in den nächsten 50 Jahren verglüht, und höchstens mal den Duschkopf zu tauschen, sollten wir enthusiastisch und optimistisch forschen. Statt mit Angstschweiß auf der Stirn der totalen Diktatur der KI entgegenzusehen, sollten wir ihr beibringen, wie unsere Regeln sind und dass sie sich daran zu halten hat, will sie nicht ganz beiläufig von uns ausgeknipst werden.

Die Zukunft war mal ein Versprechen. In meiner Jugend war sie aufregend, wir haben geradezu gefiebert: auf die erste Mondlandung, auf die Verfügbarkeit der Anti-Baby-Pille, auf die neue Platte der Beatles. Und heute? Heute blicken wir voll Pessimismus in die Zukunft und warten auf den Untergang, zumindest von allem, was uns lieb und teuer ist. Als hätten wir seit Beginn des Anthropozäns nicht genügend Gelegenheit gehabt, zu lernen, dass Unken immerzu rufen, die Welt sich aber nicht groß darum schert.

ZUVERSICHT

Aus Erfahrung die richtige Einstellung

Kennen Sie das? Die Kinder werden größer und man beginnt, sorgenvoll über ihre Zukunft nachzudenken. Werden sie den Übertritt auf eine höhere Schule schaffen? Werden sie den nötigen Notenschnitt erreichen, um einen guten Job zu bekommen oder vielleicht sogar zu studieren? Und wenn sie studieren: Wird ihnen der Abschluss die richtige Basis für eine gute Karriere bieten? Werden sie über die Runden kommen? Was, wenn sie nicht genug verdienen? Was, wenn sie nicht den richtigen Partner finden? Was, wenn … Herrje, man macht sich immer zu viele Sorgen. Klar, man will ja schließlich nur das Beste für den Nachwuchs, will, dass sie ein glückliches, selbstständiges, erfülltes Leben leben können – und wir alle wissen, wie unwahrscheinlich das erscheint, wenn man einfach nach vorne blickt und feststellt, dass kaum noch jemand in jungen Jahren eine Festanstellung bekommt, dass immer mehr Ehen geschieden werden (ich weiß, wovon ich spreche) und dass immer mehr Berufe vom sogenannten „Strukturwandel" betroffen sind, will heißen: in ein paar Jahren vielleicht schon gar nicht mehr existieren. Wie um alles in der Welt soll da ein sicheres und glückliches Leben gelingen? Es könnte einem wirklich angst und bange werden. Könnte. Denn ein Blick zurück aufs eigene Leben hilft einem wirklich, diese Sorgen zu überwinden.

Meines fing ja am anderen Ende der Welt an, weil ich in Argentinien geboren wurde. Mit vier Jahren zog ich dann mit meiner Mutter nach Deutschland. Eine neue Sprache, eine neue Kultur, ein neues Lebensgefühl – und niemand, den ich kannte. Gut, mit vier hat man noch nicht ganz so viele Freunde, die man zurücklässt. Trotzdem kann ich mir vorstellen, dass ich durchaus ein bisschen bang auf die große Reise blickte. Ob mir jemand gesagt hat, dass wir nie mehr wieder „nach Hause" zurückkehren würden? Ich weiß es nicht. Es spielt auch keine Rolle, denn in München wurde ich schnell heimisch. Kam in die Schule. Fand neue Freunde. Kam zurecht. Ich wuchs also in Deutschland auf – bis meine Mutter beschloss, nach England zu gehen und mich ins Internat zu schicken, in die Schweiz. Vielleicht dachte sie, es wäre das Beste für mich. Vermutlich dachte sie, es wäre das Beste für sie. Rückblickend nehme ich an, es war das Beste für uns beide. Zuerst kam ich also auf den Zuger Berg, dann nach St. Gallen und kurz danach nach Zürich. Wieder war ich fremd, wieder verlor ich meine Freunde, mein Zuhause, meine vertraute Umgebung. Und wieder fand ich neue Freunde, lernte eine neue Kultur kennen, fand mich in einer neuen „Familie" wieder, der Schulfamilie. Fiel es mir schwer? Natürlich! Aber ich kann mich kaum noch daran erinnern. Es war trotzdem eine gute Zeit. Das Internat war keine schlechte Erfahrung für mich. Ich habe einfach für mich das Beste daraus gemacht. Sicher nicht bewusst. Vermutlich habe ich es einfach hingenommen. Aber auch das ist ja ein Talent, das man lernen muss. Stoisch sein. Dinge geschehen lassen. Nicht an ihnen verzweifeln. Die Schweiz wurde also mein „Heimatland". Bis ich nach Abschluss des Gymnasiums zu meiner Mutter nach London zog.

Wieder ein neues Land, eine neue Umgebung und lauter fremde Menschen. Allerdings auch eine geile Zeit! London in den Roaring Sixties, meine Herrschaften! Das war der Traum jedes jungen Mannes, ganz klar, auch meiner. Hier spielte die Musik – im wahrsten Sinne des Wortes. London war damals die Hauptstadt der Welt, jedenfalls für alle diesseits der Dreißig. Und es eröffnete einem Möglichkeiten. Ich zum Beispiel fing in einem Maklerbüro an. Keine Ahnung von Immobilien, aber genügend Neugier, um mich darauf einzulassen. Es lief gut für mich. Ich konnte mir eine eigene kleine Wohnung nehmen, bald hatte ich sogar ein kleines Auto. Und das Wichtigste: meine erste Freundin! Ich muss heute noch lächeln, wenn ich an London zurückdenke. Mein Gott, war das ein schönes Leben. Natürlich war es ziemlich einfach, um nicht zu sagen armselig. Für große Sprünge jedenfalls fehlte das Geld. Aber ich hatte alles, was ich brauchte, um glücklich zu sein. Im Grunde hatte ich intuitiv den Neuanfang, die reine Verlegenheitslösung als Chance begriffen, als Einladung, das Leben zu nehmen, wie es kommt. Es zu genießen.

Es zu gestalten. Mitzuspielen, dort, wohin es mich verschlagen hatte.

So hätte das gut weitergehen dürfen. Tat es aber nicht. Denn nach einer Reise zu meiner Familie in Köln ließ man mich nicht mehr zurückkommen. Wieso? Nun ja, nicht nur die Deutschen verstehen etwas von Bürokratismus. Damals musste man als Deutscher noch allerlei Angaben machen, wenn man nach Großbritannien einreisen wollte. Auf die Frage, ob ich beabsichtige, wieder in meinem Job als Makler tätig zu werden, antwortete ich wahrheitsgemäß, dass ich das noch nicht wüsste. Schließlich konnte es gut sein, dass sich etwas Spannenderes für mich fände. Ich wollte offen sein für Neues, wollte mich nicht festlegen. Grund genug für die englischen Grenzer, mich abzuweisen und mit dem nächsten Flug wieder nach Deutschland zu schicken.

Was für mich bedeutete: Wieder fing ich an einem neuen Ort ein neues Leben an. Und dieses eine Mal, das muss ich gestehen, war es wirklich hart. Ich ließ ja in London meine Freundin zurück (und auch meine Wohnung und mein kleines Auto), alles, was mir lieb geworden war und was mein Glück ausmachte. Ganz abgesehen davon, dass München nun einmal nicht London ist – heute nicht und damals schon gar nicht. München also. Dorthin zog ich wieder, da hatte ich ja auch Verwandte, war also nicht ganz auf mich gestellt. Doch es war schon ein gewisses Irrlichtern, das diesen vorerst letzten großen Ortswechsel in meinem Leben markierte. War ich traurig? Sicher. War ich verzweifelt? Sicher nicht. Jeder Neuanfang ist doch auch aufregend und besonders. Ohne diese unerwartete Wendung, oder wenn man so will: ohne die Londoner Flughafenkontrolle, wäre ich vermutlich nicht Schauspieler geworden und würde heute dieses Buch nicht schreiben, sondern hätte vielleicht ein Maklerbüro in London und würde mich um Immobilienbewertungen, Grunderwerbsteuern und Notartermine kümmern. Auch kein schlechter Job. Aber ich habe mich mit meinem gut arrangiert.

An alles das versuche ich gelegentlich zu denken, wenn mich die Sorge um die Zukunft meiner Kinder packt. Gewiss, die junge Generation steht vor großen Herausforderungen. Aber das tut – zumindest individuell betrachtet – jede junge Generation. Meine hat den Kalten Krieg erlebt und das Waldsterben, Terrorangst und Angst vor der Atombombe. Die Generation vor uns hatte es noch viel schwerer, sie musste Jahrhundertkriege, Weltwirtschaftskrise und die Spanische Grippe durchstehen. Jede Generation hat es schwer. Jeder Mensch hat es schwer. Und dennoch: Wenn wir zurückblicken, können die meisten von uns zufrieden sein, die meisten haben ihr Leben und alle damit verbundenen Herausforderungen gemeistert. So wie unsere Kinder sie meistern werden. Was immer kommt, wir haben eine Chance darauf, dass es gut wird. Das ist meine Erkenntnis, wenn ich auf meinen eigenen Lebenslauf blicke. Da war wenig geplant, aber vieles ist geglückt. Nicht alles, sicher. Aber dann wäre es ja auch kein Leben, sondern nur ein Roman, oder? Deshalb denke ich, dass Zuversicht immer die beste Einstellung ist, dem Neuen im Leben zu begegnen. Für mich jedenfalls hat sie sich bewährt.

SCHMIEDE PLÄNE I

Weil gute Vorsätze einfach guttun

Einmal im Jahr fühlt man sich ja fast ein bisschen verpflichtet, Pläne zu schmieden: An Silvester drängt sich die Frage nun einmal auf, ob man sich fürs neue Jahr etwas vornehmen sollte. Und spätestens an Neujahr wird man unweigerlich gefragt: „Und? Was hast du dir vorgenommen?"

Dann kommen die Klassiker, klar.

- „Rauchen aufhören." (Kein Thema bei mir, weil ich nicht rauche.)
- „Mehr auf mein Gewicht achten." (Ich achte drauf, aber meinen Körper kümmert's nicht ...)
- „Mehr Sport treiben." (Was soll ich sagen: Sport und ich werde keine Freunde mehr.)
- „Mehr Zeit mit der Familie verbringen." (Hat mal irgendjemand die Familie gefragt, ob die das überhaupt will?)

- „Mal ein dickes Buch lesen." (Mache ich ständig. Dafür braucht's kein Silvester.)
- „Ausmisten." (O ja, stimmt, das hatte ich glatt vergessen.)
- „Mich gesünder ernähren." (Um dann gesünder zu sterben, wozu?)
- „Weniger Alkohol." (Darauf sollten wir schnell einen trinken!)
- „Umweltbewusster leben." (Ja, das ist mal ein guter Vorsatz.)
- „Öfter mal Blumen mitbringen." (Immer gut, dazu braucht's keinen Vorsatz, allerdings wem? Ich lebe allein ...)

Ihre Vorsätze waren nicht dabei? Echt? Ich hätte schwören können, dass dies mehr oder weniger genau die Dinge sind, die uns allen als Erstes durch den Kopf gehen. Aber dann macht das Rennen vielleicht doch sowas wie: „Mehr im Haushalt helfen." Oder: „Mal im Altersheim helfen." Vielleicht auch: „Öfter und mehr für gute Zwecke spenden." Oder: „Weniger im Internet bestellen und lieber in den Laden um die Ecke gehen." Dinge, die mit dem persönlichen Handeln zu tun haben und die sich vielleicht sogar mehr auf andere Menschen auswirken als auf uns selbst.

Seit ich die guten Vorsätze zum Jahreswechsel auch als kreative Herausforderung betrachte, liebe ich sie. Es ist eine Art Pläneschmieden in der Absicht, eine direkte Wirkung zu erzeugen! Heute beschlossen, morgen schon umgesetzt und mal ganz nebenbei die Welt gerettet. Okay, es muss vielleicht nicht derart groß sein. Aber im Kleinen ist es schon so.

Und es wirkt. Nicht nur in Bezug auf die anderen. Auch und vor allem in Bezug auf einen selbst. Allein der Vorsatz, dass ich nicht warte, bis sich die Wäsche von selbst erledigt, gibt mir ein gutes Gefühl. Ich bewirke etwas Gutes für andere Menschen, am liebsten natürlich für die Menschen, die mir besonders wichtig sind. Schon der Augenblick, in dem ich beschließe: „Ab jetzt kaufe ich jede Woche frische Blumen für Zuhause", bringt mir Freude – Vorfreude.

So helfen gute Vorsätze, egal, ob man sie nun an Silvester trifft oder mitten im Jahr, sich selbst besser zu fühlen und sich schon im Vorhinein darüber zu freuen.

SCHMIEDE PLÄNE II

Alles eine Frage der Einstellung

Mein Onkel Eberhard wurde über achtzig Jahre alt. Meine Mutter sechsundneunzig. Mein Onkel Michael hat immer gesagt: „Man sollte nicht so alt werden", und das wurde er auch leider nicht, da er des Nachts von einem Wagen totgefahren wurde. Von wem? Keine Ahnung und das Interesse der amerikanischen Polizei – er lebte in den USA – hielt sich in Grenzen. Ebenfalls das Interesse meiner Mutter. Ich habe mich immer gefragt, wie zwei Geschwister so unterschiedlich werden konnten.

Zunächst einmal ist zu sagen, dass Onkel Michael ein feiner Mensch war. Er war stets höflich, hat jeden Menschen mit Respekt behandelt, er war fleißig und vermutlich auch ziemlich tugendhaft, wenn man das heute noch so sagen kann. Allerdings war er ein ausgemachter Hypochonder. Gefühlt starb er sechzig Jahre lang. Wann immer man mit ihm sprach, stand er sozusagen kurz vorm Exitus. Mal war es das Herz, mal war es die Leber. Mal waren es die Gallensteine, dann ein merkwürdiges Ziehen im Bein ... Gott, konnte der Mann leiden! Das war schon fast sowas wie ein Talent bei ihm. Kein Talent hatte er indessen, Pläne zu schmieden. Wenn sein Auto kaputt ging und man ihn fragte, ob er sich denn ein neues kaufen würde, sagte er: „Ach, das lohnt sich doch für mich gar nicht mehr." Wenn man ihn nach seinen Urlaubsplänen fragte, war er sich sicher: „Ich möchte lieber zu Hause sterben. Und eine lange Reise würde ich in meinem Zustand kaum überleben." Eine kurze wiederum war's wohl nicht wert. Wie auch immer, Onkel Michael weigerte sich standhaft, in die Zukunft zu blicken, weil er überzeugt war, sie ohnehin nicht mehr zu erleben, oder falls doch: sie jedenfalls nicht zu überleben. Man könnte sagen, er sprach die längste Zeit seines nicht wirklich kurzen Lebens vor allem „letzte Worte".

Ganz im Gegensatz zu meiner Mutter: Die machte ständig eine Ansage. Von der Endlichkeit des Lebens wollte sie nichts wissen. Angelte sich im hohen Alter einen wesentlich jüngeren Freund (na ja, da darf ich bekanntlich nicht lästern, das scheint in der Familie zu liegen), war unablässig in der Weltgeschichte unterwegs, ließ es an ihrem Alterssitz (den man auf gar keinen Fall so nennen durfte) in Marbella krachen und verjuxte das Erbe, das sie hätte hinterlassen können – es sei ihr gegönnt. Wenn man sie anrief, war sie gerade auf dem Sprung. Immer. „Mama? Hallo, wie geht es dir?"

„Ich bin in Eile, Junge, was ist denn los?"

„Ich wollte nur mal hören ..."

„Du, das ist jetzt ganz schlecht, das Taxi steht schon vor der Tür."

„Taxi? Musst du in die Klinik?"

„Nein, zum Hafen."

„Aber was machst du denn um alles in der Welt am Hafen?"

„Eine Kreuzfahrt natürlich, was dachtest du denn?"

Stimmt, manche Fragen können tatsächlich dämlich sein. „Eine Kreuzfahrt? Und wohin?"

„Du, können wir das ein andermal besprechen?"

„Ähm, ja, klar. Wann soll ich dich denn anrufen?"

„Am besten, wenn ich wieder da bin. Vierter September."

„In vier Wochen?"

„Stimmt. Das ist schlecht. Besser am sechzehnten. Wir sind ja anschließend noch bei Rockefellers in Neuengland. Und ein paar Tage in Kanada unterwegs natürlich."

„Natürlich."

Ich hätte noch viele Fragen gehabt. Aber Mama hatte keine Zeit dafür. Die war ihrer Zeit nämlich immer voraus. Hatte buchstäblich täglich etwas Neues im Anschlag. Immer schon das nächste Ziel vor Augen. Heute Spanien, morgen Schweden. Und übermorgen Singapur. Ein Leben auf der Überholspur.

Ich will gar nicht behaupten, es hätte mich nicht auch genervt. Dieses dauernde Herumgehetze, dieses ständige Alles-Abschütteln. Aber es hat mir durchaus auch ein bisschen imponiert. Tut es heute noch. Diese Neugier auf alles, was vor ihr lag. Diese Fähigkeit, sich nicht mit dem Blick zurück aufzuhalten. Diese Abenteuerlust! Für eine Frau, die in den 1920er-Jahren geboren war, war das sicher noch viel lebensmutiger als für uns heute.

In den großen Plänen mochte sie nicht besonders gut gewesen sein, meine Mutter selig. Aber in den kleinen, die den Alltag prägen, da war sie vermutlich die unbefangenste Pläneschmiedin aller Zeiten. Es wundert mich nicht, dass sie ihren Bruder um mehr als zwei Dutzend Jahre überlebt hat, obwohl er der jüngere von beiden war.

SCHMIEDE PLÄNE III

Lohnt sich das denn noch?

Es gibt ja so die Idee, dass es ab einem gewissen Alter im Leben immer weiter abwärts gehen würde. Ich kann Ihnen versichern: Das tut es keineswegs! Vielmehr ist meine Erfahrung, dass es Aufs und Abs gibt. Vor allem aber gibt es nach den Abs eben auch wieder Aufs! Und die können einen zu ganz neuen Abenteuern tragen.

Vielleicht ist es das Bewusstsein, dass es für manches die letzte Chance sein könnte. Vielleicht ist es auch die Idee, dass man nicht mehr so viel zu verlieren hat? Ich weiß es nicht. Jedenfalls stelle ich fest, dass ich zunehmend den Wunsch habe, Dinge zu erleben, von denen ich vor zehn Jahren noch nicht einmal zu träumen gewagt hätte. Herausforderungen anzupacken, die ich mir früher eher weniger zugetraut hätte als jetzt.

„Und, was hast du für Urlaubspläne?", wollte kürzlich meine alte Schulfreundin Susanne wissen, die mit ihrem Mann auf einen Kaffee vorbeigekommen war.

„Frankreich", sagte ich.

„Ah!", schwärmte Holger. „Die Seele an der Côte d'Azur baumeln lassen?"

„Ach nein", erwiderte ich. „Das wäre mir zu langweilig."

„Gib es zu, du machst einen Schlemmerurlaub", tippt Susi. „Elsass?"

Wahrscheinlich hätte ich das vor ein paar Jahren tatsächlich in Erwägung gezogen. Es ist ja nicht so, dass ich nicht gerne essen würde. Und da bietet das Elsass durchaus einiges. Aber muss es so berechenbar sein? Im Alter wird gefuttert? Das Essen ist der Sex des Alters? Hallo? „Ich plane einen aktiven Urlaub", lasse ich die beiden wissen. „Eine Fahrradtour. Vielleicht durchs Loiretal. Ich weiß noch nicht genau."

„Eine Fahrradtour?", blickt mich meine alte Mitschülerin bewundernd an. Oder bedauernd? Oder denkt sie, dass ich nicht mehr alle Tassen im Schrank habe?

„Ah!", ruft Holger begeistert. „Siehst du, Susi, der Mann hat Träume."

„Kein Traum, mein Lieber", erkläre ich. „Das habe ich wirklich vor."

„Aber Sky, du bist doch nun wirklich keine Sportskanone", meint Susanne mich aufklären zu müssen. „Und in deinem Alter …"

„Für die nicht ganz so Sportlichen und die nicht mehr ganz so Jungen gibt es inzwischen eBikes, Susi", pariere ich den Einwand. „Das schafft Bewegung, aber man verausgabt sich nicht so."

„Vielleicht sollten wir das auch mal probieren?", wendet sich Holger an seine Holde.

„Du bist fast achtzig, Schatz!"

„Na und?", protestiert Holger. „Ich finde, Sky hat recht! Warum nicht mal ein kleines Abenteuer erleben?"

Womit ganz eindeutig er recht hat. Warum nicht mal ein kleines Abenteuer erleben? Oder ein großes. Ich möchte noch so viel erleben. Worauf sollte ich warten? Das habe ich mir zum Glück auch vor einiger Zeit gesagt, als ich mich nochmal neu verlieben durfte! Warum nicht eine neue Liebe erleben? Mit 75 Jahren! Geht nicht? Geht doch! Ist mir passiert, und schon fühlte ich mich wie neu geboren ... na ja, das ist wohl ein wenig übertrieben, aber plötzlich hatte ich Träume die (fast) ein neues Leben versprachen. Ja, ich gebe zu, ich plante meine letzten Jahre zu genießen. Plötzlich spürt man, wie viel Leben man noch in den Knochen hat ...

Kein Mensch ist je zu alt, als dass sein Herz nicht noch einmal in Wallung geraten könnte. Dieses wunderbare Gefühl, sich noch einmal ganz auf jemanden einzulassen, sich selbst zu öffnen, sich mit allem, was man ist und hat, anzubieten und Zweisamkeit zu genießen, das ist nichts, was mit einem bestimmten Lebensalter einfach weg wäre. Es ist nur dann weg, wenn wir mit der Einstellung „Laden zu – nichts läuft mehr!" durchs Leben gehen. Aber der Laden muss nicht zu sein, und es kann doch durchaus noch ganz viel laufen.

Auch beim Sex. Vielleicht ist es mit der Potenz nicht mehr so weit her, vielleicht wirken die Hormone nicht mehr ganz so physisch. Aber es gibt ja auch Sexualität, die wunderbar bereichernd ist, selbst wenn sie nicht genauso aussieht wie mit zwanzig oder dreißig Jahren. Auch das: ein richtig guter Plan! Nochmal den Sex entdecken, ihn nochmal richtig genießen, auf einer Welle der Lust schwimmen.

Ich gebe zu, das wäre mir vor zehn Jahren nicht in den Sinn gekommen. Nach der Trennung von meiner Frau dachte ich tatsächlich, das war's jetzt. Kein Sex mehr, kein Spaß mehr, Einsamkeit wird mein Schicksal sein, in Zukunft werde ich von Zärtlichkeit und Leidenschaft nur noch träumen.

Aber das muss man nicht. Man kann sie suchen und finden, kann das Leben aktiv genießen, kann auch im Alter noch eine Radtour durch Frankreich planen und nicht nur zum Schlafen ins Bett gehen.

Den Schlemmerurlaub im Elsass werde ich vielleicht trotzdem machen. Man kann ja auch zu zweit hinfahren und das Leben noch ein bisschen mehr auskosten.

REGENBOGEN FANGEN

Warum eigentlich nicht?

Kürzlich saß ich mit einer guten alten Freundin in deren Lieblingsrestaurant, einem Perser. Die Perser sind ein bemerkenswertes Volk. Sie blicken auf eine jahrtausendealte Tradition zurück, sind stolz auf ihre Kultur, und zugleich haben sie gelernt, Dinge hinzunehmen. Sie haben es ja seit langer Zeit nicht leicht mit ihrem Staat: zuerst das Schah-Regime, dann die Mullahs ... Da kann man schon ein wenig fatalistisch werden. Andererseits findet man nicht leicht Menschen, die eine so heitere Grundausstrahlung haben wie die Perser. Sehr viele von ihnen jedenfalls. Der Wirt des besagten Restaurants war so einer. Kein Getränk, keine Speise, die er brachte, ohne einen Scherz parat zu haben oder eine muntere Geschichte zu erzählen. Wie die von dem alten Mann am Meer, der mit einer Schale Joghurt am Strand saß und Löffel für Löffel diesen Joghurt ins Wasser gab und umrührte.

Nun muss man wissen, es gibt ein Nationalgetränk im Iran: Joghurt wird mit Wasser, etwas Salz und Kräutern gemischt, viel

Minze, aber auch anderes. Man nennt es Dugh (ungefähr so gesprochen: „Duuch"). Es schmeckt für den europäischen Gaumen vielleicht gewöhnungsbedürftig, aber sehr erfrischend! „Und dann kam sein Freund an den Strand", erzählte er, „und fragte ihn: Was machst du da?"

„Das siehst du doch. Ich mache Dugh", erwiderte der alte Mann.

Da lachte der Freund und sagte: „Schau dir mal an, wie wenig Joghurt du hast und wie riesig das Meer ist, da wird doch nie Dugh draus!"

„Ah!", sagte der alte Mann. „Mag sein, dass es nicht sehr wahrscheinlich ist. Aber stell dir mal vor, es klappt, *wie viel* Dugh ich dann bekomme!"

Gewitzt zwinkerte der Wirt uns zu und verschwand dann wieder in seiner Küche.

Es wurde ein netter Abend. Wir sprachen über alte Zeiten, plauderten über die Kinder, übers Älterwerden, über alles Mögliche, ehe meine Freundin ins Taxi stieg und ich mich zu Fuß auf den Weg nach Hause machte. Die Worte des Restaurantbesitzers aber gingen mir nicht mehr aus dem Kopf. Er hatte da etwas erklärt, was mich immer wieder beschäftigt hatte, ohne dass mir das wirklich bewusst gewesen wäre: Immer wieder gibt es Träume und Wünsche in unserem Leben, die wir nicht verfolgen, ganz einfach weil wir uns sicher sind, dass sowieso nichts daraus werden kann. Die Chancen sind so gering, dass wir lieber Abstand davon nehmen. Warum? Vielleicht weil wir es uns nicht zutrauen? Vermutlich, um eine Enttäuschung zu vermeiden. Wir wissen ja nahezu sicher, dass wir enttäuscht werden würden. Wenn wir es also gar nicht erst versuchen, dann ersparen wir uns diesen Dämpfer.

Wenn man sich gerne mit unerfüllten Träumen zufriedengibt, dann mag das eine gute Strategie sein. Aber stellen wir uns nur mal für einen Augenblick vor, wie viel Dugh wir bekommen könnten, wenn wir den einen oder anderen großen Traum eben doch verfolgten und nur ein einziger davon Wirklichkeit würde! Wäre es das nicht wert? Ein ganzes Meer von Dugh als Gewinn – und nur ein Schälchen Joghurt als Einsatz. Es ist wie das Fangen eines Regenbogens: Man muss etwas laufen, ja, aber dafür einen ganzen Regenbogen zu besitzen? Wäre es das nicht wert?

Manchmal muss man vielleicht einfach etwas wagen. Auch auf die Gefahr hin, dass man scheitert. Für mich jedenfalls war die Geschichte des alten Mannes sehr inspirierend, und ich habe mir vorgenommen, beim nächsten scheinbar unerfüllbaren Traum das zu tun, was er getan hat: Ich probiere es aus. Vielleicht kann ich den Regenbogen ja tatsächlich fangen.

WARUM WERDEN SIE NICHT EINFACH JÜNGER?

oder: Wie man der Zeit den Zahn zieht

Das ist keine rhetorische Frage. Das Alter ist ja nicht nur eine Frage der reinen Lebensdauer, individuell gesehen ist es vor allem eine Frage des körperlichen und geistigen Verfalls. Soweit man ihn denn zulässt.

Man sagt, der menschliche Körper ist um das zwanzigste Lebensjahr herum am stärksten, danach beginnt er, abzubauen. Die Fruchtbarkeit nimmt ab, die Haare werden dünner, die Potenz lässt schon wieder nach, die geistige Leistungsfähigkeit leidet ... Wow, so gesehen ist es wirklich ein langes Siechtum, auf dem sich die allermeisten von uns befinden, jahrzehntelang, ohne es wirklich zu bemerken. Aber muss das so sein?

Die Wissenschaft hat ja längst herausgefunden, dass es möglich ist, der Zeit ein Schnippchen zu schlagen, oder sagen wir: dem Zahn der Zeit. Die Uhr mag fortschreiten, der Kalender mag Jahr um Jahr herunterzählen, aber das bedeutet nicht automatisch, dass wir im selben Tempo verfallen. Es ist kein Geheimnis, dass sich der Alterungsprozess verlangsamen lässt, etwa durch Sport, Medizin, Pflege und bewusste Ernährung. Ich bin 76 und werde oft auf 60 geschätzt, und das sind nicht nur die berühmten Gene. Es hat auch was mit Lebensstil zu tun!

Ich habe zum Beispiel junge Freunde. Das ist enorm wertvoll, weil es einen abhält, sich selbst als alt zu betrachten. Man teilt dieselben Interessen, unternimmt dieselben Dinge, kurz, man lebt, als wäre man viel jünger und bleibt dadurch jünger! Ich kann allen nur empfehlen, den Freundeskreis nicht nur in der eigenen Altersklasse zu suchen. Machen Sie sich mit der netten jungen Familie von nebenan bekannt, laden Sie mal jemanden ein, der Ihr Sohn oder Ihre Tochter sein könnte, beziehen Sie die Kinder Ihrer gleichaltrigen Freunde in die Freundschaft mit ein. Treten Sie einem Sportverein bei und lassen Sie sich gezielt nicht in die Seniorenmannschaft aufnehmen. Oder, falls das nicht klappt, einem anderen Verein, der aber auch und gerade bei Jüngeren beliebt ist. Gehen Sie in Lokale, in denen nicht nur Oldies sitzen, besuchen Sie Konzerte, auf denen aktuelle Musik gespielt wird. Und machen Sie sich dort mit anderen Besuchern bekannt. Das hilft ungemein, das eigene „gefühlte Alter" nach unten zu korrigieren – und es führt einfach aufgrund der äußeren Umstände dazu, dass man einen jüngeren Lebensstil pflegt.

Ich gehe sehr gerne Beschäftigungen nach, bei denen man als Rentner leider immer noch ausgelacht wird, zum Beispiel: Boxen. Boxen? Ist das nicht gefährlich? Leidet da nicht das Gehirn?

Warum werden Sie nicht einfach jünger?

Also sicher, wenn man sich dauernd eins auf die Nuss hauen lässt, dann wird man irgendwann meschugge. Allerdings ist es genauso wahrscheinlich, dass das Oberstübchen verkümmert, wenn man sich zuhause hinsetzt und nur noch in die Glotze guckt, wie das viele alte Menschen tun, weil sie denken, es interessiere sich sowieso niemand für sie, oder weil sie einfach keine Interessen haben. Sport hält fit! Wenn Sie Boxen für zu gefährlich halten, steigen Sie aufs Fahrrad, gehen Sie Rudern, spielen Sie Federball oder besorgen Sie sich eine Dauerkarte fürs Schwimmbad! Alles gut für den Körper und für den Geist. Regelmäßiger Sex sowieso. Aber der ist ja bekanntlich für alles gut. Also: Auf keinen Fall das Liebesleben abschreiben. Da geht noch was!

Was ich mir zum Beispiel noch vorgenommen habe: Ich würde gerne ein Instrument lernen. Das gilt geradezu als Wunderwaffe gegen geistigen Abbau. Und im Herzen war ich sowieso schon immer ein Rocker. Warum sollte ich nicht auf meine alten Tage doch noch die coolen Sachen von den Stones selber spielen. Was Keith Richards kann, kann ich schon lange – zumal seine Riffs bekanntlich nicht so irre schwierig sind ... sagt man, außerdem ist er um einiges älter als ich.

Wahrscheinlich ist das auch das Geheimnis der Stones. Sie mögen zwar älter aussehen, als sie jemals werden können. Aber dass sie so alt geworden sind, das liegt mit Sicherheit auch daran, dass sie das Leben geradezu zwingen, weiterzugehen – indem sie es nämlich leben. Indem sie aktiv bleiben und sich immerzu neuen Herausforderungen stellen. Das will ich auch so halten. Den

Geist verjüngen, den Körper jung halten und aus jedem neuen Tag neue Kraft schöpfen!

JUGENDLICHER LEICHTSINN TRIFFT ALTERSMILDE

oder: Take it easy, altes Haus

Take it easy, altes Haus, mach dir nichts draus
Und schlaf dich erst mal richtig aus, bleib zu Haus.

Kennen Sie die Liedzeilen noch? War mal ein großer Hit der deutschen Countryband Truck Stop. Hat was, der Song! Macht gute Laune und enthält mehr Wahrheit, als man ihm aufs erste Hinhören zutraut. Mir kommt er jedenfalls immer öfter in den Sinn, wenn wieder irgendeine Katastrophe über mich hereinbricht, wieder mal irgendjemand irgendetwas völlig Unzumutbares von mir erwartet oder irgendwo das nächste Fettnäpfchen für mich bereitstand, in das ich auch bereitwillig hineingetreten bin.

Männer machen sich ja gerne zum Narren. Im Alter vielleicht noch öfter als in jungen Jahren. Allerdings stelle ich fest, dass es mich nicht mehr so juckt wie früher. Auch was andere über einen sagen, macht einem nicht mehr so viel Kummer, wie es das früher getan hat.

Als ziemlich öffentliche und relativ bekannte Person bin ich natürlich eine bevorzugte Zielscheibe für Hohn und Spott. Immer gewesen. Ich habe da vielleicht auch meinen Teil dazu beigetragen. Allein schon mein unkonventionelles Privatleben und die glamourösen Frauen ... Klar, da lacht es sich doppelt vergnügt, wenn der Promi kräftig auf die Nase fällt. Dass zum Beispiel im Scheitern einer Ehe immer eine gewisse Tragik liegt und dass meist zwei Herzen bluten, das gilt für „Promis" nicht. Nachtreten ist einfach zu verlockend. Ich gebe zu, das hat mich früher schon manchmal sehr verletzt. Auch schlechte Kritiken oder Häme in den Medien haben mir wehgetan. Auch wenn man in der Öffentlichkeit steht, ist man doch ein Mensch und hat Gefühle. Das ist nun mal so, man kann es nicht ausknipsen. Zumal wahrscheinlich in allen künstlerischen Berufen das Bedürfnis nach einer gewissen Anerkennung besonders groß ist.

Aber ich darf mich nicht beklagen, ich hatte Erfolge, die das mehr als wettgemacht haben. Abgesehen davon, erkenne ich mit einer gewissen Genugtuung, dass es einem ab einem gewissen Alter zunehmend egal ist, was andere über einen sagen. Man hat sich befreit! Und das ist ein gewaltiger Schritt in die Freiheit und Unabhängigkeit!

Ich bin nicht mehr so verletzlich, mich treibt Kritik, sei sie nun gerechtfertigt oder nicht, nicht mehr so um. Und wenn jemand über mich lachte, hey, dann habe ich zumindest dafür gesorgt, dass es mal was zu lachen gibt! Doch man lernt, dass es nicht schlimm ist, sich zum Narren zu machen. Man lernt auch, dass die Spötter oft nur ihre eigene Bedeutungslosigkeit für einen Moment vergessen wollen. Man lernt, dass es immer auch einen nächsten Tag gibt, an dem die nächste Sau durchs Dorf getrieben wird. Keiner denkt mehr an die Niederlage von Sky du Mont, wenn es viel größere Stars oder wichtigere Persönlichkeiten gibt, über die man ablästern kann. Und irgendwann, das habe ich vor allem nach meiner letzten Trennung gemerkt, betrachten einen viele sogar mit einem gewissen Respekt, weil man all diese Stürme durchgestanden und sich dennoch eine gewisse Würde bewahrt hat. Denn das sollte man immer bedenken: Wenn der Clown wieder aufsteht, schreitet er voller Würde davon, und alle wünschen ihm nur Gutes.

Vielleicht ist das der Grund, weshalb ich erstaunlicherweise auch selbst die Menschen, die ich liebe, nicht mehr so leicht verletze. Die vielen Niederlagen haben mich milder gemacht. Und wer weiß, vielleicht machen sie mich eines Tages sogar weise. Wäre doch großartig. Bis dahin werde ich noch möglichst oft in die Manege laufen und mich möglicherweise zum Narren machen. Es hat bekanntlich noch nie geschadet, auch ab und zu über sich selber zu lachen.

NARRENFREIHEIT

Ein Privileg des Alters

„Papa?"

„Hallo, mein Schatz! Wie geht es dir?" Ich freue mich ja immer, wenn eins der Kinder anruft.

„Wir warten hier auf dich!"

„Wir?"

„Der Olli und ich." Oliver ist der neue Freund meiner Tochter. Baumlang und sterbenslangweilig.

„Wo?"

„Bei Giovanni! Wir waren doch verabredet!"

„Klar", lüge ich. „Ich weiß. Sorry."

„Hast du's etwa vergessen?"

„Wo denkst du hin, mein Schatz. Ich hänge hier nur noch fest."

„Zu Hause?"

„Nein. Im … im Bundeskanzleramt." Jetzt die Stimme senken: „Eigentlich dürfte ich von hier aus gar nicht telefonieren. Alles top secret."

„Du bist im Bundeskanzleramt?"

„Ja. Passt."

„Aber das ist in Berlin. Und Giovanni ist in Blankenese."

„Außenstelle. Außenalster."

„Hä?"

„Die haben ja nicht nur einen Standort. Das Bundeskanzleramt, meine ich."

„Und was machst du da?"

„Darüber darf ich nicht sprechen. Wie gesagt, top secret. Ich muss aufhören. Der Olaf kommt."

„Der Olaf?"

Schnell auflegen! Ich bin natürlich nicht im Bundeskanzleramt. Sondern zu Hause im Wohnzimmer, wo ich es mir gerade mit einer gelieferten Pizza vor dem Fernseher gemütlich gemacht habe. An das Mittagessen bei Giovanni hatte ich schlicht nicht gedacht. Es ist nun mal so, dass das Erinnerungsvermögen ein wenig leidet, wenn man älter wird. Dafür werden die Ausreden abenteuerlicher. Ich muss grinsen bei dem Gedanken, wie sich meine Tochter und ihr Freund jetzt über meinen vermeintlichen Aufenthalt in der vermeintlichen Außenstelle des Kanzlerbüros unterhalten. Wahrscheinlich twittert meine Tochter schon gerade in die Welt, wie wahnsinnig wichtig ihr Papa ist. Sie kann ja so stolz auf ihren alten Herrn sein … Genüsslich schnappe ich mir ein Stück von meiner Pizza und starte eine Folge Dr. House. Geniales Scheusal, auch wenn ich ihm als Patient lieber nie begegnen möchte. Richtig gut gemacht die Serie. Ich habe noch keine zehn Minuten geguckt, da klingelt es an der Tür.

Nachdem ich mich mühsam aus dem Sofa gehievt habe (ich sollte mein Sporttraining wieder intensivieren, man rostet einfach ein, wenn man nichts tut), schlurfe ich an die Tür – und sehe mich überrascht Auge in Auge mit meiner Tochter. „Schatz?"

„Papa?"

„Hallo."

„Ja. Auch Hallo", sagte sie und blickt an mir vorbei in die Wohnung, als könnte hinter mir gleich ein leichtbekleideter Zeitvertreib vorbeihuschen. „Ist das hier eine Zweigstelle des Bundeskanzleramts?"

„Wie bitte?"

„Ich denke, du hast einen Termin mit Olaf Scholz?"

„Scholz?", sage ich, um ein wenig Zeit zu gewinnen. „Heißt er wirklich Scholz?"

„Du hattest gar keinen Termin", erklärt sie halb empört, halb amüsiert und zwängt sich an mir vorbei nach drinnen. „Du hast mich verarscht."

Diese Ausdrucksweise der jungen Leute immer ... „Schatz, ich war natürlich im ... Wo war ich?"

„Im Bundeskanzleramt?"

„Ah!"

„Und wozu?", fragt sie.

„Staatsgeheimnis", raune ich.

„Deshalb auch die Verkleidung, was?", sagt sie mit Blick auf meine Jogginghose und das Schlabbershirt.

Sie geht ins Wohnzimmer, knipst Dr. House weg und schnappt sich ein Stück von meiner Pizza. „Gib's zu, du hast unser Treffen vergessen."

„Nie im Leben!", protestiere ich.

„Und dann hast du auch noch deine Ausrede vergessen."

„Wie kommst du nur darauf?"

Und dann beugt sie sich vor, beißt ein großes Stück ab, blickt mich tief an und schmatzt: „Muss ich mir Sorgen machen?"

Muss sie? Ich weiß es nicht. Aber sie sollte nicht. Solange zwar das Gedächtnis leidet, aber die Ausreden noch originell sind, bin ich jedenfalls optimistisch, dass es mit der geistigen Leistungsfähigkeit noch klappt. Nur an der Vertuschungstaktik muss ich noch arbeiten. Denn ich will mir ja meine Mängel nicht gar so offensichtlich anmerken lassen. Im Grunde ist es fast eine Art Wettstreit: Je öfter ich etwas vergesse, umso mehr Mühe gebe ich mir, möglichst raffinierte Gründe dafür zu finden. Ausreden sind eine interessante Disziplin, für die man nicht nur nie zu alt ist, sondern die man mit den Jahren definitiv verfeinern kann. Da ist Erfahrung einfach auch ein unschätzbarer Wert.

Überhaupt: Erfahrung! Was für eine wunderbare Gabe. Was ich heute nicht verstehe, verstehe ich vielleicht morgen, weil ich dann endlich erfahren genug bin, die Dinge einzuordnen. Ich weiß, was funktioniert und was nicht. Ich bin gefasst auf das, was auf mich zukommt. Vielleicht bin ich nicht mehr in jeder Hinsicht so stark wie früher – aber die Erfahrung macht das wett! Ich muss vor Herausforderungen keine Angst haben, weniger denn je. Je älter ich werde, umso gelassener kann ich sie auf mich zukommen lassen. Und wenn etwas wirklich nicht klappt oder zu viel wird oder mich etwas überfordert, dann finde ich jederzeit eine Ausrede. Da bin ich schließlich auch sehr erfahren drin.

NICHT ALLER TAGE ABEND

Wie ein Ritual hilft und warum es kein Unsinn ist

An manchen Tagen ist es offen gesagt ziemlich schwer, sich auf morgen zu freuen. Manchmal, wenn ich mir am Abend noch die Nachrichten ansehe, dann kann ich eine gewisse Niedergeschlagenheit nicht vermeiden. Wie auch? Klimakrise, Krieg, Terror, Hunger, Streik, Inflation, Rezession – Nachrichtengucken ist wirklich der beste Weg in die Depression. Obwohl man es natürlich nicht sein lassen darf. Und weil das so ist, weil man sich all die schrecklichen Meldungen leider nicht ersparen darf, weil Dummheit keine Alternative zur Depression ist, braucht es ein anderes Gegengift!

Wenn ich halbwegs sichergehen will, dass ich mich auf den nächsten Tag freuen kann, dann muss ich vor dem Schlafengehen für positive Gedanken sorgen. Man sollte einfach nicht mit all der Mühsal der Welt einschlafen – so wie man auch nicht im Streit oder ärgerlich schlafen gehen sollte. Also nehme ich mir ein gutes Buch und lese ein paar Seiten. Manchmal ist es auch einfach erbaulich, noch ein schönes Gespräch zu führen – wenn es denn gelingt, die Themen, die einen belasten, auszuklammern. Schmusen hilft natürlich immer. Alles, was für gute Stimmung sorgt, ist eine gute Idee. Entscheidend ist, dass man die Seele frei bekommt von der Patina, die sie über den langen Tag hinweg angesetzt hat. Gute Stimmung macht gute Träume, also jedenfalls bei mir. Und gute Träume lassen einen frisch und optimistisch in den neuen Tag starten.

Es ist ein bisschen wie mit der Kleidung oder – das stelle ich mir als Mann jedenfalls so vor – mit dem Make-up: Zieht man einen gut geschnittenen Anzug an, hat man eine ganz andere Haltung. Hat man eine andere Haltung, dann schlägt sich das auf die Psyche nieder. Mein Lieblingsbuch, eine Folge einer gut gemachten Fernsehserie, ein Glas Wein mit der Lebensgefährtin, ein lustiger Plausch mit dem Sohn, ein paar Lieblingssongs bei der Abendtoilette … das alles kleidet die Seele neu ein, und man kann die düstere Stimmung, die sich an manchen Tagen einfach nicht vermeiden lässt, wieder verscheuchen.

Und dann natürlich noch das: ein Ritual. Man darf das nicht verwechseln mit Routine! Routinen machen das Leben zwar bequemer, aber sie machen es auch langweiliger. Sie engen einen ein, es ist, als würde man beim Tanzen immer nur dieselben Schritte tun: Irgendwann fühlt man sich wie ein Roboter. Rituale sind etwas anderes. Sie helfen einem, die Seele aufzuräumen und auch ein wenig sich selbst zu vergessen – und damit den ganzen Kummer, den Ärger und die Sorgen, die einen belasten. Einem Ritual gibt man sich hin. Mein Ritual am Abend ist es, schon mal einen Blick auf den nächsten Tag zu werfen. Nicht darauf, ob wohl Kiew wieder bombardiert wird, ob das Statistische Bundesamt wohl neue Inflationsrekorde verkündet oder mein Lieblingsfußballklub endgültig die Chance auf die Meisterschaft verspielt. Sondern darauf, wie ich den nächsten Morgen beginnen werde. Vielleicht regnet es ja und ich bleibe einfach noch ein paar Minuten länger gemütlich im Bett und lausche nach draußen, wie es prasselt. Vielleicht scheint die Sonne und die Vögel begrüßen mich zwitschernd. Vielleicht sind sie schon fleißig auf der Baustelle nebenan – kein Grund, mich zu ärgern. Je größer das Getöse, umso schneller wird das Haus fertig sein. Vielleicht ist meine Freundin vor mir wach und macht schon Kaffee! Vielleicht stehe ich aber auch vor ihr auf und überrasche sie meinerseits mit Kaffeeduft. Mein Gott, jeder Tag beginnt irgendwie schön, wenn man nur hinguckt und hinhorcht! Es ist ein Wunder. Sie müssen früh raus, obwohl Sie so gerne länger schlafen würden? Kenne ich. Aber dann freue ich mich, dass ich mehr vom Tag habe, dass ich schon produktiv bin, während andere noch vor sich hin schnarchen.

Es ist eine Übung: Freu dich auf das, was kommt, dann macht das, was kommt, Freude. Und am Anfang dieser Übung steht ein kleines Mantra: „Ich freue mich schon mal auf morgen."

THE BEST IS YET TO COME

oder: Ich kann noch alles ändern

Im Englischen gibt es die schöne Redensart „The best is yet to come", also sinngemäß: Die besten Dinge liegen noch vor uns. Eine zugegebenermaßen sehr optimistische Weltsicht. Die ich aber durchaus teile. Denn was letztlich von allem das Beste ist, das lässt sich bekanntlich ohnehin nicht objektiv beurteilen. Jeder findet was anderes gut, jeder hat ein eigenes „Bestes". Für die einen ist es die Rente mit all ihren Freiheiten und Vorzügen, für die anderen die Geburt des Enkelkinds, auf die sie sehnsüchtig warten, manche sehnen sich nach einem Wiedersehen mit der Liebsten, andere nach dem Schulabschluss und dem Start ins vermeintlich selbstständige Leben. Das Beste, das bedeutet für den einen eine Befreiung, für die andere eine Erfüllung. Es kann ein Ereignis sein oder die Überwindung eines Zustands.

Ob das Beste tatsächlich noch vor uns liegt, wie es dieser Spruch besagt, das hängt deshalb einerseits von der persönlichen Einstellung eines jeden Menschen ab, von seinen Wünschen,

Hoffnungen und Träumen. Andererseits aber auch davon, was wir selbst daraus machen: ob wir aus dem, was vor uns liegt, „das Beste" machen!

Und da trifft sich der englische Spruch mit einem deutschen, den ich auch sehr mag: „Wir machen einfach das Beste daraus."

Diese Lebenseinstellung baut uns eine wunderbare Brücke in die Zukunft. Natürlich wissen wir nicht, was morgen sein wird. Wir wissen nicht, was die vor uns liegenden Tage, Wochen, Jahre uns bringen werden, vor welche Herausforderungen sie uns stellen, welche Zumutungen sie für uns bereithalten. Aber sie unterscheiden sich fundamental von der Gegenwart und der Vergangenheit: Wir können noch alles ändern!

Was heute ist, können wir nicht mehr ändern. Die Gegenwart ist, wie sie ist. Und wer hätte nicht schon oft gewünscht, noch einmal in die Vergangenheit zurückgehen und Dinge anders machen zu können. Sich um jemanden zu kümmern, um den man sich nicht genügend gekümmert hat. Sich mit etwas mehr Mühe zu geben, mit dem man sich zu wenig Mühe gegeben hat. Worte nicht auszusprechen, die man dummerweise gesagt hat. Einen anderen Weg einzuschlagen als den, für den man sich damals entschieden hat. Nichts davon ist uns möglich. Die Vergangenheit ist ein geschlossener Raum, in den wir nur noch hineinblicken dürfen, den wir aber nie wieder betreten können. Die Gegenwart ist ihr Ergebnis, und alles, was wir tun, kann nur noch in die Zukunft wirken.

Die Zukunft aber ist das Feld, auf dem wir säen können. In der Zukunft können wir Dinge besser machen. Wir können unser

Bestes geben, jeden Tag. Können das Richtige tun und sagen und können den richtigen Weg einschlagen. Nichts von dem, was in der Zukunft geschieht, ist ja unabänderlich. Nun gut: fast nichts. Aber all das, was änderbar ist, können wir versuchen zu ändern. Die Zukunft lädt uns dazu ein. Und schon sind die Fehler aus der Vergangenheit sogar zu etwas nütze. Denn wir haben aus ihnen gelernt und werden sie mit etwas Glück nicht wiederholen. Danke, Vergangenheit – und willkommen Zukunft! Wie schön: Du fängst ja schon mit dem nächsten Atemzug an.

BLICK ZURÜCK

oder: Warum ich nicht gerne früher gelebt hätte

Keine neue Erkenntnis, aber man sollte es sich immer mal wieder bewusst machen: Heute ist das Gestern von morgen. Zeit ist ein relativer Begriff. Wir leben sozusagen alle in der Vergangenheit. Und in der Zukunft. Manchmal denke ich mir, ich beneide die jungen Menschen nicht, die jetzt ihr Leben beginnen. Wir hatten es in vielerlei Hinsicht leichter. Die Kindheit unbeaufsichtigt draußen verbringen zu dürfen ... Im Wirtschaftswunder ins Arbeitsleben zu starten ... Die Liebe ohne Dating-App und Internet-Pornografie entdecken zu dürfen ... Andererseits: Die jungen Menschen heute starten auf einem ganz anderen Niveau. Sie wissen, wie gefährlich Rauchen ist, sie müssen sich nicht mehr gegen autoritäre Eltern auflehnen, sie haben es nicht mehr nötig, sich auf Teufel komm raus ein Auto zuzulegen, um sich zu emanzipieren oder sich selbst etwas zu beweisen. Und die nächste Generation? Wird sie es dann noch leichter haben? Oder noch schwerer? Auch das wird sicher eine Frage der Perspektive sein.

Wir Alten neigen ja gerne dazu, zu denken, die Jugend hätte es so viel leichter als wir. Wie gesagt: Das glaube ich nicht. Nicht, wenn ich es mir so recht überlege. Die heute jungen Menschen beklagen ja zu Recht, dass der Planet in einem erbärmlichen Zustand ist, dass sie in absehbarer Zeit ganze Armeen von Rentnern durchfüttern sollen und dass der gesellschaftliche Zusammenhalt verloren geht. Es hat mir sehr zu denken gegeben, als meine Tochter kürzlich sagte: „Ich hätte lieber früher gelebt."

Die Frage lag nahe: „In welcher Zeit hättest du denn gerne gelebt?"

„Also, wenn ich es mir aussuchen dürfte: Mittelalter fände ich cool."

Mag daran liegen, dass sie begeisterte Game-of-Thrones-Guckerin ist. „Mittelalter? Echt jetzt?"

„Wieso? Was spricht bitte schön dagegen?"

„Alles?"

„Hä?"

„Ist dir klar, dass sie im Mittelalter kein fließendes Wasser hatten? Nix heiße Dusche jeden Morgen."

„Dafür hatten die geile Badehäuser."

„Geil waren die wahrscheinlich nur für die Männer, die da hingingen", gab ich zu bedenken. Und Wasserklosetts gab es auch nicht. Überhaupt hat es im Mittelalter überall fürchterlich gestunken. Die Menschen haben gestunken, die Straßen haben gestunken …"

„Du musst es ja wissen."

„Das ist wissenschaftlich erwiesen, meine Liebe!"

„So. Wann hättest du denn gerne gelebt, wenn nicht heute?"

„Ich? Im alten Rom natürlich!" Wenn ich über eines nicht lange nachdenken muss, dann darüber. Die Römer hatten Stil, waren gebildet, erfolgreich, bauten sagenhafte Paläste, hatten …

„Und nur zu deiner Info: Die hatten fließendes Wasser und verstanden was von Körperhygiene."

„Echt? Im alten Rom? Als Sklave oder als Sklavenhalter?"

„Ähm …" Guter Punkt. „Es gab nicht nur Sklaven und Sklavenhalter, weißt du?"

„Weiß ich. Es gab auch die Bewohner der Subura." Da weiß sie mehr als ich. „Die hatten meist keine Sklaven. Weil sie bitterarm waren. Und nur zu deiner Info: Die hatten auch kein fließendes Wasser und haben ihren Dreck genauso zum Fenster rausgeworfen wie die Menschen im Mittelalter. Viele von denen hatten auch kein eigenes Bett, sondern haben sich mit jemand anderem eines geteilt, weil sie sich nur den Schlafplatz für ein paar Stunden mieten konnten." Was dieses Kind alles weiß!

„Aber sie haben in einem Rechtsstaat gelebt", gebe ich zu bedenken.

„Mhm. Mit Strafen wie Auspeitschen und Kreuzigen."

„Sie haben die Republik erfunden!"

„Stimmt. Für Männer. Und auch für die nur, wenn sie keine Sklaven waren."

„Sie waren technisch brillant!"

„Was sie genutzt haben, um Hunderte von Völkern zu versklaven und Dutzende von Kulturen auszulöschen."

„Okay. Ich ziehe meinen Vorschlag zurück. Das alte Rom scheidet also aus. Das Mittelalter auch. Was machen wir? Wann wollen wir leben?"

„Im alten Ägypten?", schlägt sie spontan vor. „Ägypten finde ich ziemlich cool."

„Das waren genauso Sklavenhalter wie die Römer. Und auch sonst in vielem ziemlich fragwürdig."

„Die 1920er-Jahre. So *Der große Gatsby*-mäßig, wie wär's?"

„Hast du den Roman mal gelesen?"

„Nö. Aber den Film gesehen. Wahnsinn. Dieser Luxus und alles!"

„Aber glücklich waren die alle nicht, oder?"

„*Die* nicht."

„Und die anderen waren nicht Gatsby. Weißt du, es gab ja einige reale Krösusse in der Zeit. Howard Hughes zum Beispiel. Oder Getty. Rockefeller …"

„Na siehst du?!"

„Alles unglückliche Menschen mit unglücklichen Familien. Außerdem war die Frage nicht, wer willst du sein, sondern wann willst du leben. Und wo."

„Ja, okay. Trotzdem möchte ich am liebsten ich sein."

Zumindest in dem Punkt sind wir uns also einig: Denn auch ich möchte am liebsten ich sein. Vermutlich geht es den meisten Menschen so. Man kann sich sein eigenes Leben im eigenen Körper einfach besser vorstellen. Aber wann und wo? „Und weißt du was? Wenn du mich so fragst, dann bleibe ich am besten in meiner Zeit."

„Will heißen?"

„Will heißen: Wenn ich es mir aussuchen darf, wann ich lebe, dann lebe ich am liebsten jetzt."

„Du könntest auch sagen: ‚Irgendwann in der Zukunft'", erinnert mich meine Tochter.

„Stimmt. Jetzt und in der Zukunft."

„Also das geht aber nicht", protestiert sie. „Entweder lebst du jetzt oder du lebst in der Zukunft."

„Ist das so?" Ich reibe mir die Augen und unterdrücke ein Gähnen. „Also ich gehe jetzt schlafen", sage ich. „Und wenn ich Glück habe, wache ich morgen wieder auf. Das wäre dann …"

Sie zuckt die Achseln.

„In der Zukunft, mein Schatz. Ja, da würde ich auch gerne leben. Morgen. Und übermorgen. Ich schätze, das würde mir gefallen."

LIEBLINGSTAG?

Jeder Tag ist was Besonderes

„Was ist dein Lieblingstag?", hat mich mein Sohn mal gefragt, da muss er sieben oder acht Jahre alt gewesen sein.

„Was meinst du denn mit Lieblingstag?"

„Im Jahr! Meiner ist mein Geburtstag."

Was man verstehen kann bei einem Kind, finde ich. Denn je älter man wird, umso weniger Vorfreude hat man auf den eigenen Geburtstag. Und wenn er dann da ist, hält sich die Freude noch viel mehr in Grenzen. „Deiner auch?", will er wissen.

„Nein, eher nicht."

„Welcher dann? Weihnachten?"

„Ich weiß nicht ..." Weihnachten. O Gott. Wenn ich mir überlege, was da alles auf einen zukommt! Schon vorher: Geschenke kaufen, Baum besorgen, dekorieren ... Jede Menge Arbeit. Und dann sind alle gestresst. Übers Essen wird gestritten. Die einen sind enttäuscht von den Geschenken, die anderen frustriert wegen der mangelnden Dankbarkeit ... Danach türmt sich der Verpackungsmüll, in der Küche stapelt sich das Geschirr und an Schlaf ist nach der üppigen Mahlzeit nicht zu denken. „Nö. Weihnachten auch eher nicht."

„Welcher dann?" Kinder können ja sowas von penetrant sein. Aber er hat ja recht. Die Frage darf gestellt werden. Ist ja auch typisch, dass das Kind wissen will, welche Lieblingsfarbe man hat, welches Lieblingslied, welches Lieblingstier ... Dass man viele Farben schön findet, in unterschiedlichen Stimmungen ganz unterschiedliche Lieder schön findet oder Tiere nicht wirklich nach ihrem Niedlichkeitsfaktor beurteilt, das ist nun einmal eine ziemlich erwachsene Haltung. „Vielleicht der erste Januar?", schlage ich vor.

„Aha? Und warum?"

„Weil da das ganze Jahr noch vor mir liegt?"

„Ui! Gute Idee. Und den zweiten Januar findest du nicht so gut?"

„Ach. Ich habe nichts gegen den zweiten Januar, weißt du?"

„Und warum nicht?"

„Das ist auch ein super Tag." Ich weiß nur nicht so recht, warum eigentlich. Aber wozu hat man ein Regal mit lauter schlauen Büchern! „Guck mal!", sage ich und greife nach einem dicken Band, der den Titel *Was geschah am ...?* trägt. „Da steht für jeden Tag drin, was in der Vergangenheit Tolles passiert ist. Am zweiten Januar zum Beispiel ..." Ich blättere es auf – und ich muss leider zugeben, das Ergebnis ist auf den ersten Blick nicht das, was mir vorschwebte: *Verschwörung wird in Genua zum Fiasko* heißt es da. *Preußen verbietet das Turnen, Japaner besetzen Manila ...* What the fuck ... Aber dann: *Asterix der Gallier!* „Am 2. Januar 1959 ist das erste Asterix-Comic im Magazin Pilote erschienen!", juble ich. Mein Sohn ist wenig beeindruckt. Vermutlich weil ihm Asterix nichts sagt. „Am zweiten Januar 1968 wurde zum zweiten Mal erfolgreich ein menschliches Herz verpflanzt!" Auch keine richtig gute Story für einen Siebenjährigen. Hmm. Immerhin: Dass eine Rakete in den Weltraum geschossen wurde, das gefällt dem Junior. „Und da kannst du für jeden Tag nachlesen, was Besonderes passiert ist."

Die Wirkung auf meinen Sohn hält sich in Grenzen, das Buch bleibt weitgehend unbeachtet auf dem Wohnzimmertisch liegen. Aber mir macht es klar, dass buchstäblich jeden Tag etwas Außergewöhnliches passiert. Sicher, das meiste, worüber berichtet wird, bewegt sich im Bereich Katastrophen und Superkatastrophen. Aber es vergeht doch auch kein Tag, an dem nicht auch Gutes geschieht, schöne Geschichten geschrieben werden. Am 15. März 1956 hatte das wunderbare Musical „My Fair Lady" am Broadway Premiere. Am 17. März 1992 wurde in Südafrika die Apartheid beendet. Am 22. März 1974 beschloss der Bundestag, die Volljährigkeit in Deutschland von vorher 21 auf 18 Jahre herabzusetzen. Am 12. April 1961 flog zum ersten Mal ein Mensch ins Weltall. Am 20. Mai 1947 wird in Buenos Aires Sky du Mont geboren! Hey, die Liste der großartigen Ereignisse (mit Einschränkungen) ließe sich endlos fortsetzen. Jeder Tag ist einer, auf den man sich freuen kann. Das bringt mich auf eine Idee: Ich werde mir eine Liste machen, die ich vorne in meinen Kalender lege: die Wochentage – und worauf ich mich freue ...

DIE EINSCHLÄGE KOMMEN NÄHER

Immer mal wieder ans „Trotzdem" denken!

Die letzten Jahre waren keine einfachen in meiner Familie. Meine Mutter, von der wir alle dachten, sie wäre unsterblich (die Frau war immerhin 96 Jahre alt!) hat zu guter Letzt doch die letzte Reise angetreten. Und dann ist auch noch mein Bruder gestorben. Natürlich hat mich der Tod meiner Mutter getroffen, das geht jedem so. Plötzlich ist man nicht mehr jemandes Kind. Aber noch viel mehr hat mich der Abschied von meinem Bruder niedergeschlagen. Es ist nun einmal ein großer Unterschied, ob jemand aus einer anderen Generation stirbt oder jemand aus der eigenen. Ab einem gewissen Alter aber passiert das immer öfter: Mit einem Mal kommen die Einschläge nah und näher. Und sie werden häufiger. Zuerst denkt man noch, Gott, der Arme, dass es ihn so früh erwischt hat. Dann nimmt man an, was für ein Pech, aber gegen den Krebs hatte sie nun mal keine Chance. Aber irgendwann muss man erkennen, das sind keine Ausnahmen mehr, das wird zur Regel, dass einem die Menschen wegzusterben beginnen, die in einem vergleichbaren Alter sind wie man selbst. Und es wird einem klar, dass man eigentlich bereits selbst auf der „Abschussliste" steht. Man beginnt aufzuräumen. Schließlich könnte man der Nächste sein, oder?

Ich bin nicht sicher, ob ich der Typ bin, heiter-gelassen auf den Tod zu warten. Eher nicht. Ich schätze, ich mag das Leben zu sehr. Und meistens, das gebe ich gerne zu, denke ich gar nicht daran, dass es auch mal zu Ende gehen wird. Aber das wird es natürlich, und die Todesfälle in der eigenen Generation zwingen einen förmlich dazu, sich damit auseinanderzusetzen. Das „Aufräumen" meine ich dabei durchaus wörtlich. Ich habe mein Testament gemacht und mich darum gekümmert, was sein soll, falls es mich erwischt. Kann ja jederzeit sein, dass ich morgen aufwache und feststelle, ich bin tot. Was also dann? Nun, ich habe alles Wichtige organisiert. Was mir durchaus auch Spaß gemacht hat. Teilweise zumindest. Jedenfalls kann ich nur empfehlen, ein Testament zu schreiben. Allein die Frage, wem man was Gutes tun kann ... Oder die Überlegung, wem man vielleicht doch noch eins auswischt ... Man blickt vielleicht auch mit ein bisschen Stolz auf das, was man so erreicht hat. Über den Friedhof zu schlendern und sich eine 1A-Lage auszusuchen ist auch unterhaltsam! Ich kann das nur empfehlen. Es hat auch den Vorteil, dass man seine Nachbarschaft fürs Jenseits selber wählen kann.

Und dann ist alles auf einmal gar nicht mehr so schlimm: der Gedanke, dass man eben doch sterblich ist, der Umstand, dass man auf der Abschussliste unweigerlich weiter vorrückt, das alles. Stattdessen beginnt man, das eigene Nachleben zu gestalten und sich sogar für die Zeit nach dem eigenen Leben zu interessieren und darauf Einfluss zu nehmen. Das hat schon was. Wie gesagt, ich habe keine Angst vorm Sterben – ich möchte nur nicht unbedingt dabei sein.

Es ändert nichts daran, dass mich jedes Mal eine große Traurigkeit befällt, wenn ich vom Tod eines Bekannten, eines Freundes oder Verwandten höre, zumal aus meiner eigenen Generation, das kann ich einfach nicht abschalten. Umso wichtiger ist es, sich eine gewisse Trotzhaltung anzugewöhnen: Ich will mir das Leben trotzdem nicht vermiesen lassen! Ich will trotzdem feiern und fröhlich sein, ich will trotzdem voller Zuversicht nach vorne blicken. Vielleicht habe ich nur noch ein Jahr, vielleicht nur einen Monat oder auch nur einen Tag.

GENIESSE DIE FREIHEIT!

oder: Wie ich lernte, das Alter zu lieben

Ich weiß ja nicht, wie's Ihnen geht. Aber mich gibt es schon etwas länger auf diesem Planeten. Das führt zwangsläufig dazu, dass man Hochs und Tiefs erlebt hat, und zwar nicht zu knapp. Tiefs? Angesichts meines offenbar unerschütterlichen Optimismus scheint das eher unwahrscheinlich, nicht wahr?

Aber so schön kann man sich das Leben gar nicht denken, dass es einen nicht immer wieder auch auf die Bretter zwingt. Meinen 75. Geburtstag zum Beispiel wollte ich zwar durchaus erleben. Aber scheiße angefühlt hat er sich trotzdem. Es ist erstaunlich, dass man sich längst nicht so alt fühlt, wie man objektiv ist. Fünfundsiebzig? Ich? Fünfundsiebzig sind andere. Opas. Omas. Meine Oma! Die war fünfundsiebzig. Na ja, jetzt bin ich es.

Doch, das objektive Alter macht mir manchmal schon zu schaffen, egal, wie alt ich mich subjektiv fühle. Als mein jüngstes Kind zu Hause ausgezogen ist, war das eine ziemlich dunkle Stunde für mich. Plötzlich wird einem bewusst, dass man zu einem Teil der Vergangenheit der Menschen geworden ist, die einem am teuersten sind. Sicher, wir werden uns oft sehen und weiterhin ein bisschen Zeit miteinander verbringen. Aber wir werden einander nie mehr nerven, weil die Spülmaschine nicht eingeräumt ist, weil die Sneakers mitten im Flur liegen, weil der Damenbesuch letzte Nacht definitiv zu laut war, weil … ach, was auch immer. Ich werde sie vermissen, diese kleinen, lieb gewonnenen Ärgernisse. Ich werde die überquellenden Wäscheberge vermissen, die miesepetrige Miene am Frühstückstisch, den ständigen Krach und den scheinbar unvermeidlichen Streit wegen – ja was eigentlich? Egal, man zofft sich halt. Es gehört schließlich zu einer gut funktionierenden Eltern-Kind-Beziehung dazu.

Alles weg. Vor mir liegt die Frage, ob Rentner-WG, Altersheim oder Gartenlaube. Schulter, Knie oder Hüfte. Kreuzworträtsel oder Boule. Soll ich einem Stammtisch beitreten? Soll ich endlich mal ein Testament machen? Erlebe oder überlebe ich die Klimakrise eigentlich noch? Oder dass Deutschland nochmal Fußballweltmeister wird? Okay, es gibt Träume, die sind definitiv zu unrealistisch. Aber ich muss schon zugeben, die Erkenntnis, dass mit meinem Sohn ein großes Stück meines Lebens das Haus verlässt und dass ich zurückbleibe, die hat meine Lebensfreude schwer getrübt.

Bis ich mir bewusst gemacht habe, dass ich auch etwas gewonnen habe. Freiheit nämlich! Die Freiheit, zu tun und zu lassen, was ich will, wann ich will und mit wem ich will. Ich muss mich nicht mehr um Ferienzeiten kümmern, wenn ich Urlaub machen möchte. Ich kann mein Geld für mich selbst ausgeben und mir damit meine eigenen Wünsche erfüllen. Ich kann es krachen lassen! Will heißen: Frei sein ist eine Art von jung sein! War es nicht so? Haben wir nicht eine ganz andere Freiheit gehabt, als wir uns nicht um Haus und Hund und Kind und Kegel, sondern nur um unsere eigenen Angelegenheiten kümmern mussten? Ich habe das öfter zu meiner Tochter gesagt, wenn sie mal wieder über die Mühsal des Studiums geklagt hat: Sei doch froh, dass du dich nur um deinen eigenen Kram kümmern musst! Das ist doch Pipifax im Vergleich dazu, sich um alle gleichzeitig kümmern zu müssen: Familie, Job, Eltern und so weiter. Du bist so frei, genieße es!

Daran hab ich mich plötzlich erinnert: Sky, sei doch froh, dass du dich jetzt nur noch um deinen eigenen Kram kümmern darfst. Genieße die Freiheiten, die dir das Alter schenkt! Mag schon sein, dass die Zukunft noch einige dunkle Stunden für dich bereithält. Aber die anderen, die kannst du jetzt dir selbst und deinen Bedürfnissen widmen. Ist das nicht großartig?

Na ja, vielleicht ist es Zweckoptimismus. Vielleicht ist es aber auch bloß eine richtig gute Erkenntnis. Jedenfalls fühlt sie sich verdammt gut an.

DIE SCHRECKEN UNSERER ZEIT

oder: Warum Vergänglichkeit auch gut sein kann

Während ich dieses Buch schreibe, tobt ein Krieg in Europa. Ein Krieg in Europa? Hätte ich das nach dem Jugoslawienkrieg tatsächlich noch einmal für möglich gehalten? War Europa nicht eigentlich das Versprechen, dass es so etwas vollkommen Unnötiges und Dummes wie einen Krieg nicht noch einmal geben würde? Dass Menschen es nicht mehr für sinnvoll halten würden, andere Menschen absichtlich zu töten?

Und es ist ja nicht nur der Krieg. Es sind tagtäglich Meldungen, die uns ereilen, bei denen es einem schwerfällt, seine positive Lebenseinstellung zu behalten. Terror, Folter, Katastrophen. In einem Staat kommen Extremisten an die Macht, in einem anderen reißen Sturzfluten Hunderte in den Tod, wieder woanders wird der Rechtsstaat abgeschafft – und die deutsche Fußballnationalmannschaft scheidet in der Vorrunde aus. Was soll man da noch Gutes erwarten.

Alles! Das ist die Antwort, die mir die einzig richtige erscheint. Denn alles, was uns bedrückt und schockiert, alles, was wir verabscheuen und worunter wir leiden, unterliegt doch ebenfalls der Vergänglichkeit! Die Erfahrung lehrt: Jeder Krieg hat ein Ende, wirklich jeder. Diktaturen gehen unter, Unrechtssysteme kollabieren. Die Gerechtigkeit mag lange leiden, am Ende wird sie triumphieren. Das war immer so und wird immer so sein.

Wenn ich beim Blick auf die Nachrichten verzweifle und mit den Menschen leide, deren Heimat zerstört wird, die in einen Krieg gezwungen wurden, den sie nie haben wollten, dann versuche ich mir bewusst zu machen: Auch diese Katastrophe wird vorübergehen. Sie wird schreckliche Opfer fordern, deshalb ist sie ja so sinnlos und grausam, aber sie wird nicht überdauern. Vielleicht wird sie nicht einmal mich überdauern! Vielleicht fahre ich dann doch auch einmal nach Odessa und mache dort Urlaub, besuche die Menschen, lasse sie mir ihre Kultur und hoffentlich noch viele verschonte Bauten, ihr Meer und ihre Musik vorstellen und werde mich mit ihnen daran freuen – und daran, dass der Krieg all dies nicht zerstören konnte. Dann feiern wir gemeinsam die Schönheit der Welt und dass es sie – und uns – noch gibt. Auch das Schöne mag vergänglich sein. Aber das Böse hat noch eine viel kürzere Halbwertszeit. Ich jedenfalls freue mich darauf, wenn es vorbei ist.

GENERATIONENFRAGE

Werden sie es besser haben?

Einer der großen Standards in der Beziehung der Generationen ist der Wunsch der Älteren, die Jüngeren mögen „es einmal besser haben als sie selbst". Die Eltern haben das gesagt, die Großeltern und deren Eltern natürlich auch. Es ist ein Mantra, das daher rührt, dass unzählige Generationen buchstäblich ums tägliche Überleben kämpfen mussten. Wieder und wieder. Wer konnte, hat vielleicht etwas zur Seite gelegt, damit die Nachkommen auch einmal eine „Dürrephase" überstehen konnten, ohne dass es buchstäblich existenziell würde. Oft genug haben Kriege oder Naturkatastrophen dann trotzdem alles zunichtegemacht, weshalb zum Beispiel die meisten Menschen nach 1945 mit wenig bis gar nichts dastanden. Davon, ihren Kindern ein bequemes Leben zu bescheren, waren sie so weit entfernt wie zwei oder drei Generationen zuvor die proletarischen Arbeiterfamilien, die nicht wussten, wie sie von dem Hungerlohn, den sie bekamen, die Mäuler ihrer Kinderschar stopfen sollten.

Doch dann kam das Wirtschaftswunder. Auf einmal schien alles möglich! Es gab auch keinen Krieg mehr. Ja, die nach Kriegsende geborene Generation darf hoffen, die erste zu sein, die nie einen Krieg auf deutschem Boden erlebt haben wird! Das ist ein ungeheures Privileg. Viele haben diese Zeit des Wachstums und des Friedens genutzt, um tatsächlich wirtschaftlich vorwärtszukommen, etwas aufzubauen, auch für ihre Kinder. Und viele Kinder haben geerbt oder werden es in den nächsten Jahren tun. Plötzlich gibt es ein Häuschen, das einem unverdienten Wohlstand beschert. Dazu kommt die eigene Rente oder Pension. Sorgen muss man sich nicht mehr machen. Das heißt: Moment mal …

Die Geschichte könnte so weitergehen. Doch zurzeit sieht es danach nicht mehr aus. Etwas ist in Schieflage geraten. Auf einmal treibt die Älteren die Sorge um, den Jüngeren könnte es einmal schlechter gehen als ihnen selbst. Und dafür gibt es viele gute Gründe: die veränderte Demografie zum Beispiel, also die Tatsache, dass immer weniger junge Menschen immer mehr alte Menschen mitversorgen müssen. Der Umstand, dass die Menschen insgesamt immer älter werden und deshalb die Rentenkassen schlicht und einfach durch ihre so lange Existenz belasten. Fachkräftemangel, Inflation, steigende Zinsen, horrende Mieten …

Als ich in jungen Jahren nach München kam, war es einfach, eine Wohnung zu finden, und zwar auch für den kleinen Geldbeutel. Und es war einfach, einen Job zu finden. Die Mieten waren niedrig, die Löhne waren okay. Überall herrschte Aufbruchstimmung. Heute scheint dagegen überall Untergangsstimmung zu herrschen.

Zur Wahrheit gehört aber auch: Die wenigsten hatten damals ein hübsches Erbe zu erwarten. Klar gibt es auch heute noch viele, die kein Häuschen mit Garten erben werden oder wenigstens eine Eigentumswohnung mit soliden Mieteinnahmen. Aber es gibt doch sehr viel mehr davon als früher. Vor hundert Jahren war eine Diabeteserkrankung für viele ein Todesurteil, vor fünfzig Jahren eine Brustkrebsdiagnose. Heute überleben und leben die allermeisten mit einer solchen Krankheit! Von der 5-Tage-Woche konnten Menschen im 19. Jahrhundert nur träumen, vom Homeoffice Menschen im 20. Jahrhundert ebenfalls.

Ja, die Jungen haben es auch nicht leicht. Aber vielleicht müssen wir uns weniger Sorgen um sie machen, als wir das oftmals tun. Denn Errungenschaften wie Erziehungsurlaub, Elterngeld, Arbeitsschutz, gleitende Arbeitszeit, der medizinische Fortschritt und vieles andere sind auch etwas wert. Es mag sein, dass das rein wirtschaftliche Vermögen unserer Kinder und Kindeskinder am Ende von deren Leben nicht so hoch ist wie unseres an unserem Lebensende. Aber sie werden vielleicht weniger gearbeitet und dafür mehr gelebt haben. Sie werden mehr Lebensjahre genossen haben, und das in einem gesünderen Zustand. Sie werden mehr von der Welt gesehen haben als viele Ältere. Sie werden sich weniger vom Munde abgespart haben als ihre Großeltern. Und sie werden mit größter Selbstverständlichkeit eine moderne, aufgeklärte, demokratische Gesellschaft genossen haben, eine gleichberechtigte Partnerschaft, eine frei gelebte Sexualität und was es sonst noch alles an wertvollen Errungenschaften unserer Zeit gibt. Wertvoll, ja, das ist das entscheidende Wort! Denn all das stellt ja auch einen Wert dar. Dafür bin ich dankbar. Denn es bedeutet, dass es einen Ausgleich gibt. Dass die zukünftigen Generationen nicht nur einen Verlust erleiden gegenüber unserer Generation, sondern dass sie auch etwas gewonnen haben werden. Ich hoffe, dass dieser Gewinn den möglichen Verlust ausgleicht – am liebsten: mehr als ausgleicht. Aber ich bin zuversichtlich. Die Einzelnen werden es nur auch zu würdigen wissen müssen.

NAIVITÄT IST NICHT NAIV

oder: Warum man öfter optimistisch sein sollte

„Hab gehört, du schreibst wieder ein Buch?", grüßt mich mein alter Freund Gregor, mit dem ich mich immer treffe, wenn ich in Köln bin. Wir gehen dann irgendwo was essen und ein paar Kölsch trinken, was immer großes Vergnügen macht, denn Gregor ist ja eine rheinische Frohnatur, wie man so schön sagt, der Mann hat die gute Laune gewissermaßen mit der Muttermilch aufgesogen und zögert keine Minute, sie großzügig über seine Mitmenschen zu versprühen. Also zum Beispiel über mich. Gerne auch auf meine Kosten, was ich ihm aber nicht verüble, denn er ist wirklich ein feiner Kerl.

„Ich freu mich schon auf morgen", antworte ich.

„Wieso, was ist da?"

„So heißt das Buch. Also: im Arbeitstitel. Keine Ahnung, wie es am Ende heißen wird."

Gregor lacht breit und winkt der Kellnerin, mal mit ihrem Tablett vorbeizuschweben. „Na, so wohl eher nicht, was?", meint er.

„Wieso? Ich finde den Titel eigentlich ganz schön", widerspreche ich. Tatsächlich ist es ja leider so, dass die Verlage gerne eigene, andere Titel durchsetzen. Kein Mensch weiß, warum eigentlich. Und ich kenne auch keinen anderen Autor, der darüber glücklich ist. Aber man arrangiert sich eben. *Ich freu mich schon auf morgen* klingt für mich positiv. Optimistisch. So, wie ich zu sein versuche. Und genau darum soll es in dem Buch ja gehen.

„Schön vielleicht", sagt Gregor und schnappt sich ein Glas. „Aber naiv."

„Was soll daran naiv sein?"

„Ich freu mich schon auf morgen", äfft Gregor und nimmt einen Schluck. „Wieso? Weil's dann regnen wird? Oder weil dein Hamster stirbt? Weil wieder irgendwo ein Flieger abstürzt? Oder gibt es einen besonderen Grund?"

„Es geht um Optimismus. Eine positive Weltsicht, sowas", versuche ich zu erklären und staune, dass die Kellnerin wieder abdreht, ohne mir etwas anzubieten.

„Schon klar. Ganz mein alter Kumpel Sky. Immer das Gute sehen."

„Richtig! Ich bin bisher nicht schlecht damit gefahren."

„Ja, du …", erklärt Gregor. „Aber das kannst du doch nicht verallgemeinern."

Kann man das nicht? „Ich finde eigentlich schon", erkläre ich und bitte dann doch noch die Kellnerin um ein Kölsch. „Ich finde, wir sollten alle ein bisschen optimistischer sein. Es gibt ja nicht nur Unglücke und Dramen. Wenn's regnet, ist das nicht wirklich tragisch, oder? Und Hamster hab ich eh keinen."

„Na dann!" Gregor hebt sein Glas. „Auf die Naivität!" Er stößt mit mir an.

„Lass es Naivität sein", erkläre ich. Aber glaub mir, Naivität ist nicht naiv."

„Gibt's den Spruch auch für Nichtintellektuelle?"

„Was ich sagen will, ist: Wenn wir alles schwernehmen, wenn wir immer erwarten, dass nichts klappt und die Zukunft sowieso nichts Positives bringt, dann können wir uns gleich die Kugel geben. Wenn du aber optimistisch bist, dann gibt dir das Energie! Und aus dieser Energie kannst du was machen. Du wirst kein Rennen gewinnen, wenn du mit der Einstellung reingehst: *Ich verlier ja sowieso.* Aber wenn du mit unerschütterlichem Optimismus reingehst, dann hast du immer eine Chance."

Gregor wiegt den Kopf. Ich hab ihn am Wickel! Klar, er ist 1. FC Köln-Fan. Diese Menschen sind einiges gewöhnt. Und sie gehen doch jeden zweiten Samstag ins Stadion und glauben allen Ernstes daran, dass der heimische Klub gewinnt. Was er dann manchmal auch tatsächlich tut! Ich bin überzeugt, dass dabei die Stimmung im Stadion erheblich mithilft: Der Glaube der Fans trägt den Verein zu seinen besten Leistungen. Na, und der Glaube an mich, trägt mich zu besseren Leistungen.

„Vielleicht hast du recht", sagt Gregor. „Vielleicht ist Naivität doch gar nicht so naiv."

Tja, darauf stoßen wir an.

76 IST DAS NEUE 46

Älterwerden als Jungbrunnen?

Mit dem Thema Älterwerden habe ich mich ja schon oft und sehr intensiv beschäftigt. Man kann also sagen: Es beschäftigt mich. Aus gutem Grund! Schließlich gehe ich, während ich dies schreibe, auf die 77 zu. Das ist ein Alter, in dem die meisten sich längst zur Ruhe gesetzt haben. Und warum auch nicht? Nicht jeder Job macht so viel Spaß und bietet so viel Abwechslung wie meiner. Vielleicht denke ich deshalb eigentlich nie ans Aufhören: Ich lebe einfach gerne aktiv und nehme mir etwas Neues vor. Außerdem stelle ich immer wieder erstaunt fest, dass Altwerden nicht automatisch schwach werden oder müde werden bedeutet. Nicht, dass ich nicht auch meine Zipperlein hätte oder mich manchmal erschöpft fühlen würde. Aber das kannte ich auch mit 20 schon. Aber an normalen Tagen staune ich gelegentlich, wie sehr doch die Wahrnehmung durch die Umwelt und die Selbstwahrnehmung auseinanderklaffen: Du bist Mitte siebzig! Aber du fühlst dich wie fünfzig oder höchstens sechzig. Man guckt ja auch nicht permanent in den Spiegel und führt sich vor Augen, dass der Zahn der Zeit dann doch so manche Scharte ins Gesicht genagt hat. Wenn man nur aus sich heraus auf die Welt blickt, dann ist dieser Blick nicht so viel anders als in viel jüngeren Jahren. Man mag dieselben Dinge, hat an denselben Tätigkeiten Vergnügen, genießt Lust und Laster wie ein junger Mann … Nur dass einem das als viel jüngerer Mensch gar nicht wirklich bewusst ist. Das ist vielleicht der entscheidende Unterschied, dass man nämlich mit den Jahren ein tieferes Empfinden für die Welt entwickelt. Ich glaube, ich war mit sechzig nicht so entspannt und so unbefangen positiv, wie ich es heute bin. Die Jahre haben mir gutgetan! So gesehen, bin ich schon gespannt, wie es mit achtzig sein wird oder mit neunzig. Sicher, niemand hat eine Garantie auf ein langes Leben – und schon gar nicht auf ein leichtes Leben im Alter. Aber solange man es hat, sollte man es genießen. Ich jedenfalls will versuchen, das zu tun. Dazu gehört, dass ich voller Vorfreude dem nächsten Lebensjahr entgegensehe, in dem ich mich womöglich noch jünger empfinde als in diesem, wer weiß.

HOME, SMART HOME ...

Staunen, genießen – und nicht allzu ernst nehmen

Kürzlich bin ich durch Blankenese gefahren. Für alle, die's nicht wissen: ein besonders schöner, ziemlich feiner Stadtteil von Hamburg, wo man wohnt, wenn man sich's leisten kann oder das Glück hatte, geerbt zu haben. Und da ich nicht geerbt habe und es mir nicht wirklich leisten kann, wohne ich außerhalb am Stadtrand von Hamburg.

Ich gucke mir gerne Häuser an, das ist inspirierend und bietet allerlei Gelegenheit, sich über andere Menschen Gedanken zu machen: Wie wohnen andere eigentlich so? Warum hat man sich überlegt, das Haus so zu bauen und nicht anders? Wer mag hier wohl wohnen? Wer mag dort wohl mal gelebt haben? Im Grunde führt dies natürlich alles dazu, dass man seine eigene Art zu wohnen hinterfragt.

Das musste ich in jüngerer Zeit des Öfteren. Erst einmal stellte sich die Frage, was mit dem Haus geschehen sollte, als meine Frau auszog. Mit dem Ergebnis: Bloß weg damit, was soll ich allein mit einer so großen Bude? Die macht nur Arbeit, und man fühlt sich auch noch ganz verloren, wenn die Kinder mal ausziehen?

Heute geht es oft weniger um Fläche als vielmehr darum, was man damit anstellt. Das jedenfalls durfte ich feststellen, als ich kurzentschlossen vor einem Schild „Heute Besichtigung" stehenblieb und nur kurz überlegte, ob ich mal gucken sollte. Der nette Makler, der zufällig gerade in der Tür stand, schien sich an meinem fortgeschrittenen Lebensalter nicht zu stören und lud mich prompt ein: „Sie sind interessiert? Kommen Sie gerne herein!"

Schon war ich drin. Und staunte. Was für ein Palast! Das ist ja auch so eine interessante Entwicklung: Häuser, die früher mal voller Perserteppiche und Chippendale-Kommoden waren und in denen Landschaften, naturalistische Stillleben und Hirschgeweihe an den Wänden hingen, glänzen heute mit indirektem Licht, semitransparenten großflächigen Fenstern zum Garten (Park trifft es eher), Fußbodenheizung und gebürstetem Stahl in der Designerküche. Von außen sind diese Villen historische Kleinode, von innen futuristische Raumschiffe. Wobei ich zuerst einmal keine Vorstellung davon hatte, wie futuristisch dieses Ufo war, in das ich unvermittelt eingetreten war: Es fing damit an, dass mich der Makler aufklärte: „Ich hab Sie schon eine ganze Weile beobachtet."

„Ach", sage ich. „Ich bin doch gerade erst hier angekommen."

„Aber Sie sind den Fußweg an der Hecke entlanggelaufen. Der ist Privatgrund. Wegerecht, aber Privatgrund. Da haben wir überall Kameras."

„Und Sie standen an der Tür und haben das auf dem Monitor gesehen?"

„Aber nein, wo denken Sie hin." Der Makler lacht. „Ist mir alles aufs Handy gespielt worden."

„Faszinierend!", staune ich.

„Wenn Sie das faszinierend finden, dann gucken Sie sich das mal an." Er tippt und wischt ein paarmal auf seinem Smartphone herum und deutet dann durchs Panoramafenster nach draußen, wo sich über Terrasse und Pool ein riesiges Sonnensegel entbreitet.

„Das haben Sie gerade mit dem Handy gemacht?"

„Und das kann ich von überall aus! Wenn ich in Singapur auf einer Dachterrasse sitze, kann ich hier in Blankenese den Pool kühlen."

„Fehlt bloß noch, dass Sie ihn auch heizen können", scherze ich.

„Das kann ich natürlich sowieso", klärt er mich auf. „So wie jeden Raum im Haus. Und den Herd. Und das Auto. Wir haben sogar mit einer besonderen App dafür gesorgt, dass sich Ihr Haus energieökonomisch auf die gewünschte Temperatur aufheizt, je näher Sie ihm kommen. Wenn Sie in Hannover losfahren, springt die Heizung langsam an. Wenn Sie in Blanekese ankommen, hat das Haus angenehme 20 Grad Celsius."

„Und wenn ich wieder gehe?"

„Kühlt es sich von ganz alleine wieder herunter."

Ich bin nicht näher ins Detail gegangen. Denn so ein Haus wird ja oft von mehreren Personen bewohnt. Was macht die Heizung, wenn die einen sich weg- und die anderen sich hinbewegen, wenn die einen schneller unterwegs sind und die anderen langsamer und so weiter.

„Ihr Haus gibt Ihnen Bescheid, wenn etwas in den Briefkasten geworfen wird, wenn der Müll voll ist, wenn die Waschmaschine fertig ist …"

„Wenn die Bettwäsche gewechselt werden muss?"

Sollte ein Scherz sein, doch der Makler hebt den Finger. „Guter Punkt", sagt er und macht sich gleich eine Notiz. Natürlich in sein Smartphone. „Der Kühlschrank gibt Ihnen Bescheid, wenn er zu leer wird oder wenn die Milch verfällt. Und der Herd …!" Jetzt ist er voll in seinem Element, die Wangen dieses Verkaufsprofis glühen förmlich. „Der Herd ist der Hammer! Der Herd erkennt eigenständig, was Sie zubereiten, und reagiert mit Temperatur und so weiter."

„Wow. Aber wie erkennt er das denn?"

„Mit einer eingebauten Kamera. Der letzte Schrei."

„Er guckt zu, was ich koche?"

„Kann man so sagen, ja."

„Und was gibt es im Schlafzimmer an Besonderheiten", fällt mir aus irgendeinem Grunde an der Stelle ein.

„Da ist es im Grund ganz ähnlich", erklärt mir der Makler zu meinem kurzzeitigen Schrecken.

„Da wird auch zugeguckt?"

„Zugeguckt? Natürlich nicht", beruhigt er mich wieder. „Aber das Haus misst automatisch die Raumtemperatur und die Luftfeuchtigkeit und reguliert genau so, wie Sie sich am wohlsten fühlen. Die Rollläden gehen selbstständig zur gewünschten Zeit rauf oder runter, wie übrigens im ganzen Haus, Sie können das Licht auf jeden gewünschten Farbton einrichten …"

So geht es von Zimmer zu Zimmer. Ich will gar nicht jedes Detail aufführen, das dieses Haus beherrscht. Wünsche werden da erfüllt, von denen ich nicht mal ahnte, dass man sie haben könnte – geschweige denn, dass *ich* sie haben könnte. Garage, Gartenhaus, Haushaltsraum: die reinsten Science-Fiction-Orte. Toiletten sowieso. Nur wohnen muss man noch selber. Ein bisschen gruselig scheint es mir schon. Eigentlich weniger jede einzelne dieser technischen Wundererfindungen. Eher die Zusammenballung innerhalb eines Hauses. Vielleicht muss man sich da doch nochmal überlegen, ob nicht auch hier die alte Regel gilt: Die Dosis macht das Gift. Also: So manches ist zwar gut, aber wenn man zu viel davon auf einmal bekommt, wird es gefährlich. Aber diese Smart Homes zeigen ziemlich eindrucksvoll, was sich Menschen alles haben einfallen lassen, um sich das Leben leichter zu machen. Das macht mir Hoffnung, dass immer mal wieder auch nützlichere Erfindungen dabei sind als Rollläden, die selber rollen. Denn das habe ich bisher eigentlich immer noch ganz gut allein geschafft.

Ich warte also auf den Tag, an dem das selbstschrumpfende Auto erfunden wird, um endlich die Parkplatzprobleme zu lösen, und das Induktionshaus, das seinen Strom einfach aus dem Magnetfeld der Erde zapft. Aber ganz ehrlich, wenn ich es einer Spezies zutraue, dann doch unserer.

PROFI ÜBER NACHT

oder: Wie wir immer besser werden

Es ist ja noch nicht so lange her, dass sich mein Umfeld über mich lustig machte, weil ich keinen Nagel gerade in die Wand schlagen konnte. Meine handwerklichen Fähigkeiten waren immer wieder Anlass zu Spott und Belustigung. Nicht, dass es mich sonderlich gekränkt hätte. Aber es wäre doch auch mal schön gewesen, jemand hätte gesagt: „Toll gemacht!", wenn ich mal wieder eine Lampe an die Decke gedübelt hatte, statt: „Auch ein blindes Huhn findet manchmal ein Korn."

Aber gut, zur Wahrheit gehört eben, dass ich sozusagen das blinde Huhn in der Geschichte war. Immer wieder. Hammer und Säge waren nun einmal nicht mein Ding. Von Bohrmaschine und Flex ganz zu schweigen.

Bis YouTube kam. Es ist nicht übertrieben zu sagen, dass das Internet für mein Talent in praktischen Dingen ungefähr dasselbe war wie die Relativitätstheorie für die moderne Physik, nämlich der Durchbruch! Auf einmal musste ich nicht mehr aus einer bizarren Anleitung wie „Anschließend beide Knäufe parallel zum Drehstock aufwärtsziehen und gleichzeitig den Querschlegel gegen den Uhrzeigersinn drehen" ableiten, wie man ein Schuhregal zusammensetzt – ich konnte es mir anschauen. Und einfach nachmachen. So wie Pilzrisotto. Oder Flecken entfernen. Alles online. Zwei Klicks und man ist schlauer als zuvor. Anschaulich und ohne die Notwendigkeit eines vorherigen Studiums.

Das gilt erfreulicherweise eben nicht nur fürs Handwerkliche! Ich kann auf einmal meine Steuererklärung selber machen. Oder ein Stück auf der Gitarre lernen, ohne nach einem Lehrer suchen zu müssen (alle Gitarrenlehrerinnen und -lehrer bitte ich um Entschuldigung; wenn man's richtig lernen will, sind Sie natürlich unverzichtbar).

Das Internet macht uns kompetenter, weil Menschen ihre Kompetenzen teilen. Was sie können, können wir auch. Das ist die Lehre, die ich aus all den YouTube-Videos gezogen habe, die ich mir inzwischen angesehen habe, um besser zu kochen, zu putzen oder eben zu schrauben. Über meinen Mangel an handwerklichen Fähigkeiten macht sich schon lange niemand mehr lustig.

Natürlich wird auch jede Menge Schrott online gestellt. Die Plattformen sind eine Mischung aus Schatzkiste und Müllhalde, das muss man leider zugeben. Und die politische Entwicklung zum Beispiel zeigt, dass es vielen noch nicht gelingt, das eine vom anderen zu unterscheiden. An dem Punkt haben wir noch großen Verbesserungsbedarf. Ich hoffe, wir schaffen es, uns auch in der Hinsicht stetig zu verbessern. Denn welche der beiden Seiten – Schatzkiste oder Müllhalde – eines Tages die Oberhand gewinnt, ist längst noch nicht ausgemacht. Ist mir deshalb bang? Nein. Tatsache ist: Es sind so viele Informationen zugänglich wie noch nie! Wir selbst sind verantwortlich dafür, dass wir uns ihrer bedienen. Es mag schon sein, dass der Einzelne nicht immer alles durchblickt, was online als Wissen verkauft wird. Immerhin ist das Internet ein riesiger Ozean an Informationen, leider auch Fehlinformationen, und die wahre Begabung zeigt sich dann darin, die Unterschiede zu erkennen! Aber im echten Meer ist es ja auch so, dass der einzelne Fisch sich manchmal schwertut mit der Orientierung. Im Schwarm aber ist er unfehlbar. Diese Schwarmintelligenz traue ich uns Menschen auch zu.

TANZE LIMBO MIT MIR

oder: Wieso wir alle süchtig sind
und warum das gut ist

Kennen Sie das? Wenn Sie morgens aufstehen und sich schon so richtig auf die erste Tasse Kaffee freuen? Wie das guttut, wenn Sie den Dampf riechen, der aus der Tasse aufsteigt, den ersten Schluck nehmen und sich eine angenehme Wärme in Ihrem Leib ausbreitet? Das hat man nicht bei der vierten Tasse irgendwann am Tag. Aber diese Vorfreude und dieser Genuss bei der ersten Tasse, das hat schon was. Ich freue mich auch auf eine angenehme Dusche, im Sommer auf eine erfrischende, im Winter auf eine schön warme. Ich kann das richtig auf der Haut spüren, wenn ich nur dran denke. Und es gibt einiges, was diesen Effekt bei mir auslöst, diese körperliche Freude und sogar körperliche Vorfreude. Ich dachte ja immer, das ist ein Mysterium. Ist es aber gar nicht. Tatsache ist, dass letztlich alles mit dem „mesolimbischen System" zu tun hat, einer Kombination mehrerer Hirnregionen, dem sogenannten „Belohnungssystem". Der Hirnstamm und Regionen rund ums Zwischenhirn spielen dabei eine Rolle. Alles sehr komplex und für mich sowieso zu hoch und unverständlich. Aber dennoch interessant! Denn hier geschehen zentrale Aspekte von Freude, Lust und Motivation. Und das geht so: Das Gehirn erkennt die positiven Konsequenzen ganz bestimmter Handlungen oder Ereignisse „und beeinflusst dadurch die tierische Motivation". Das hab ich jetzt aus Wikipedia abgeschrieben und amüsiere mich selbst über die Doppeldeutigkeit. Tierisch schreiben die hier, weil es für alle Wirbeltiere gilt. Aber solche sind wir ja bekanntlich auch. Und als solche lernen wir dank dieses mesolimbischen Systems, dass sich bestimmte Verhaltensweisen gut anfühlen. Das drängt uns dazu, sie zu wiederholen. Ein Grund natürlich, warum man mit Drogen vorsichtig sein muss. Aber eben auch ein Grund, warum ich voll Vorfreude an meinen morgendlichen Kaffee denke, an ein gemütliches Bad oder an Dinge, die ich jetzt hier nicht unbedingt ausführen möchte.

Warum ich dieses „unnütze Wissen" hier aufgenommen habe? Nun, weil es eben alles andere als unnütz ist. Wenn wir wissen, dass wir ein Belohnungssystem haben und wie es funktioniert, dann können wir es auch nutzen. Wir können es sogar trainieren. Und wir können uns daran erinnern. Denn an manchen Tagen, machen wir uns nichts vor, will einfach keine rechte Laune aufkommen. Manchmal fällt es einem schon schwer, sich aus dem Bett zu kämpfen. Man weiß ja, dass einen unangenehme Aufgaben erwarten, dass einem ein harter Tag bevorsteht oder dass man mit einer Enttäuschung rechnen muss. Solche Tage gibt es, und es gibt Phasen im Leben, da sind sie nicht einmal selten. Umso wichtiger ist es, das mesolimbische System anzuwerfen und sich selbst eine Belohnung zu versprechen. Oder auch mehrere! Denken Sie bloß mal darüber nach, wie oft im Laufe eines Tages Ihr Belohnungssystem aktiviert wird. Und wenn Sie's darauf anlegen, wird es das sogar noch viel öfter! In gewisser Weise sind wir ja alle Junkies. Aber nicht jede „Droge" ist schädlich. Und wenn wir die unschädlichen zu aktivieren lernen, sorgen wir dafür, dass es uns gut geht!

DER MENSCH IST EIN SELTSAMES TIER

oder: Lob auf die Elefanten!

Mein alter Kumpel Holger ist ja berüchtigt für seinen Hang zum Kalauern. Manchmal hat er aber auch einen guten Joke auf Lager. Neulich zum Beispiel, wir waren beim Tennis (fragen Sie nicht: Senioren auf dem Platz ...), hat er mich mit einer Pointe kalt erwischt.

Treffen sich zwei Planeten im Weltall. Sagt der eine: „Hallo Erde! Wie geht's?"

Darauf der andere: „Ach, frag nicht. Ich hab Homo Sapiens."

Mancher Witz birgt tiefe Wahrheiten. Dieser wäre so einer. Selbst wenn Holger ihn erzählt. Ich hab mich zwar amüsiert, aber eigentlich bleibt einem das Lachen im Halse stecken. Denn es stimmt ja: Die Menschheit ist so ziemlich das Schlimmste, was diesem Planeten hat passieren können. Wir beuten ihn aus, machen ihn unbewohnbar und umzingeln ihn mit Weltraumschrott, dass es eine Schande ist. Das einzig Gute, wenn man so will: Wir sind offensichtlich zu doof, auf uns selbst zu achten. Weshalb sich die schlimmste Spezies aller Zeiten, der Homo Sapiens, über kurz oder lang selbst ausrotten wird. Schon sehr schade, dass wir nicht mehr aus unseren Fähigkeiten machen. Ich gebe es zu, manchmal schäme ich mich ein bisschen für uns.

Einmal wurde ich bei einer Veranstaltung gefragt: „Herr du Mont, wenn Sie sich ein Tier aussuchen müssten, welches wären Sie gerne?"

Eine Frage, wie sie einem die Kinder gerne stellen. Für einen Moderator eigentlich eher ein bisschen schlicht – dachte ich zuerst. Aber dann fand ich, die Frage sollten wir uns vielleicht wirklich alle ab und zu stellen. „Ein Elefant", sagte ich damals spontan.

„Ein Elefant!", wiederholte er mit zweifelnder Miene. Sicher hatte er eher mit einem Löwen gerechnet, mit einem Adler oder mit einem edlen Rassepferd? Ich weiß es nicht. Der Elefant – in der Vorstellung des Moderators wohl dick und plump und einfältig –, schien ihn zu überraschen. Mich ehrlich gesagt im ersten Moment auch ein wenig. Bis ich es mir noch einmal durch den Kopf gehen ließ und fand: Doch, die Wahl ist genau richtig! Wir bewundern Elefanten, weil sie zeigen, was wir für die besten menschlichen Eigenschaften halten: Empathie, Selbstbewusstsein und soziale Intelligenz. Aber die Art und Weise, wie wir sie behandeln, zeigt das allerschlimmste menschliche Verhalten. Man sagt, ein Elefant vergisst nie. Was einem nicht gesagt wird, ist, dass man einen Elefanten nie vergisst.

Der Elefant ist ein seltenes Tier, ein würdiger Geselle. Er ist friedfertig, doch man darf ihm nicht zu nahetreten. Er ist sozial, will aber seine Ruhe haben. Er hat eine dicke Haut und ein äußerst gutes Gedächtnis – leider alles Dinge, die mir abgehen.

Elefanten sind wirklich beliebt, und doch halten alle etwas Abstand. Sie werden respektiert und sie sind Botschafter einer besseren Welt, deren Bewohner im Einklang mit der Erde leben.

Okay, das alles ist ein bisschen viel auf einmal. Das Leben ist schließlich kein Wunschkonzert. Aber einige Eigenschaften des Elefanten möchte ich gerne haben, ein paar wenige vielleicht sogar als Mensch für mich in Anspruch nehmen, und ich spreche nicht von den großen Ohren und dem langen Rüssel. Jedenfalls bewundere ich diese besonderen Tiere, die Vegetarier sind, beneidenswerte Stoßzähne haben, niemandem etwas tun und dennoch langsam ausgerottet werden – eben wegen dieser Zähne, um daraus zum Beispiel Klaviertasten herzustellen. Wie abartig ist das denn! Wie recht hatte doch Yao Ming, der chinesische Basketballstar, der zum Fürsprecher der Dickhäuter wurde: Nur Elefanten sollten Elfenbein besitzen.

Gäbe es mehr Elefanten und weniger Menschen, die Welt wäre ein besserer Ort. Jedenfalls würde Holgers Witz über die zwei Planeten im Weltall mit Elefanten nicht funktionieren, und das sollte uns zu denken geben.

Aber vielleicht reißen wir das Ruder ja doch noch herum und nehmen uns ein Vorbild an den Elefanten: werden friedfertiger, fressen nur so viel, wie wir brauchen, und legen uns eine dickere Haut gegen die Anfechtungen des Lebens zu. Damit wäre uns allen sicherlich sehr geholfen – und übrigens den Elefanten ebenfalls! Ich zumindest will es ab morgen versuchen.

VON BESINNLICH BIS SINNLICH

oder: Vorfreude ist die schönste Freude

Manchmal komme ich an einem Ort vorbei, der in mir eine ganz besondere Sentimentalität entstehen lässt, seit ich die Geschichte gehört habe, die sich dort einst zugetragen hat. Ich spreche vom sogenannten „Rauhen Haus" in Hamburg. Es ist eine Einrichtung für Kinder, die ohne Eltern oder in sehr schwierigen sozialen Verhältnissen aufwachsen müssen. Dieses Rauhe Haus gibt es schon lange. Vor beinahe zweihundert Jahren lebte und wirkte dort ein Pastor namens Johann Hinrich Wichern, der die Einrichtung auch gegründet hatte. Gewiss darf man sich eine solche Institution nicht so vorstellen, wie wir sie uns heute erhoffen würden. Aber der Wunsch, Kinder aus dem Elend zu retten und sie „auf den rechten Weg" zu führen, war damals so gut und wertvoll, wie er es heute ist. Zur Geschichte des Rauhen Hauses gehört die Erzählung, dass jedes Jahr, wenn es auf Weihnachten zuging, viele der Zöglinge unruhig wurden. Jedes Mädchen, jeder Junge wünschte sich sehnlichst, nicht im „Waisenhaus" bleiben zu müssen, sondern das Fest der Liebe in der Familie feiern zu dürfen, eventuell auch in einer neuen. Aber alle wussten, dass es im Rauhen Haus ebenfalls eine besondere Feier geben würde. Entsprechend ungeduldig warteten die Kinder und fragten den armen Pfarrer wieder und wieder, wie lange es denn noch bis zum Heiligen Abend sei. Da ersann der Pastor ein Symbol, das die Zeit anzeigte – und das zum Sinnbild für die Vorfreude werden sollte, weit über den Ort seiner Erfindung hinaus, ja in der ganzen christlichen Welt: den Adventskranz. Für jeden Tag steckte er eine Kerze auf den Kranz, und jeden Tag wurde ein neues Licht entzündet, und so leuchtete der Kranz täglich heller und steigerte die Vorfreude noch weiter. Mit diesem Ritual wurde die Ungeduld beherrschbar, denn die Kinder sahen, wie sie sich Weihnachten mit jeder neu brennenden Kerze näherten! Eine wundervolle Idee! Mich hat diese Geschichte sehr gerührt. Pastor Wichern war ein kluger Mann und sein Verständnis für die Ungeduld des Menschen, die in uns allen schlummert, erhielt so ein Ziel.

Ich liebe die Adventszeit! Beim Angebot von Adventskalendern gibt es ja inzwischen nahezu alles für alle Interessen und Geschmäcker. Von edlen Schnapspralinen über Short Stories bis hin zu Sexspielzeug. Jeden Tag eine Überraschung. Und immer fragt man sich, was sich wohl hinter dem nächsten Türchen verbirgt. Ich frage mich, warum man solche Überraschungskalender eigentlich nicht für jeden Tag des Jahres macht: 365 freudige Kleinigkeiten, die das Leben noch ein bisschen schöner machen. Vielleicht müsste man es einfach mal erfinden? Na ja, vielleicht wär's auch schlicht zu unhandlich. Dann freue ich mich eben schon ein paar Monate im Voraus auf das im Dezember endlich wieder erfolgende Feuerwerk an Süßkram. Ist vermutlich auch für die Figur besser. Vorfreude ist außerdem bekanntlich die schönste Freude.

STIRB UND WERDE

oder: Warum man von einem Schrebergarten viel lernen kann

Ich gebe es zu, ich bin nicht der Typ für Gartenarbeit. Meine Zimmerpflanzen könnten ein Lied davon singen, wenn sie nicht längst gestorben wären. Mir fehlt einfach das Händchen dafür. Ich habe statt des grünen Daumens den braunen. Was ich nicht vertrocknen lasse, ersäufe ich. Mein Kumpel Holger macht sich zu Recht immer lustig über mich. Er ist da ja wesentlich praktischer veranlagt und vor allem viel erfolgreicher! Was er mir gerne in seinem Schrebergarten vor Augen führt, wo alles blüht und grünt, dass einem die Augen wehtun.

Vielleicht fehlt mir aber auch bloß der nötige Ehrgeiz. Denn wenn ich es mir recht überlege, dann habe ich ganz einfach auch gar nicht den Wunsch, mich um Pflanzen zu kümmern. Oder sagen wir: kein Verständnis für Gärtnern als Hobby. Warum macht Mensch das? Warum pflanzen und pflegen wir, warum düngen und kappen wir, mähen, jäten, gießen wir jahrein, jahraus, obwohl es die mühsam erwirtschaftete Ernte doch auch an der Obst- und Gemüsetheke zu kaufen gäbe? „Was bringt dich dazu, dauernd die Gartenschere zu schwingen?", frage ich also meinen alten Freund, der mich mal wieder „auf ein Bierchen" in seinen geliebten Schrebergarten eingeladen hat (wo ich regelmäßig Stunden brauche, um seine Parzelle endlich zu finden).

„Wie kannst du das fragen, Sky? Liegt das nicht auf der Hand?"

„Ehrlich gesagt, für mich nicht."

Er legt die Schere weg und winkt mir, mich aus dem bequemen Liegestuhl hochzukämpfen und mit ihm in einen der hinteren Winkel seines an Winkeln reichen Gärtchens zu kommen. Es ist Frühjahr, alles leuchtet in diesem wirklich zauberhaften hellen Grün. Und alles macht Arbeit. „Hier", sagt er und deutet auf einen Busch. „Aber nicht anfassen!"

Nicht anfassen klingt in diesem Schrebergarten, in dem alles und jedes ständig bearbeitet wird, seltsam. Ich trete einen Schritt vor – und entdecke das Amselnest, das er mir zeigt. „Es ist noch nicht ganz fertig", sagt Holger und strahlt übers ganze Gesicht. „Wenn du aufpasst, kannst du ihnen zusehen."

Und tatsächlich: Ich stellte mir den Liegestuhl so, dass ich die Stelle betrachten kann. Wenig später kommt der erste Vogel vorbei, einen Zweig im Schnabel. Dann der andere mit etwas Moos. „Faszinierend", stelle ich fest und kann mich tatsächlich in der nächsten Stunde kaum von meiner Tierbeobachtung losreißen.

„Es ist dieses Stirb und Werde, verstehst du?", erklärt mir Holger. „Jetzt bauen sie ihr Nest. Nächste Woche werden schon

Eier drin liegen. Dann brüten sie. Später sind sie unglaublich beschäftigt damit, ihre Jungen zu versorgen, das ist das reinste Running Sushi, sag ich dir!" Er lacht. Ich kann sehen, wie begeistert er ist.

„Und deswegen schneidest du die Bäume? Weil du Vögel beobachten willst?"

„Nein, Sky. Die Bäume schneide ich, weil ich sie pflege. Diesen hier zum Beispiel ..." Er legt die Hand auf den Stamm eines kahlen Bäumchens. „Den hab ich vor zehn Jahren selbst gepflanzt."

„Sieht ziemlich tot aus, wenn ich das mal sagen darf."

„Darfst du. Stimmt aber nicht. Das ist ein Maulbeerbaum. Der kommt später. Verstehst du nicht, wie schön es ist, etwas wachsen zu sehen, was man selbst gepflanzt hat? Zuerst ist es ein kleiner Spross, dann groß und kräftig, dann wird eine wunderhübsche Blüte daraus. Und dann vergeht dieses Wunderwerk der Natur wieder." Er räuspert sich. „So wie wir alle vergehen, verstehst du?"

„Du meinst, wir verarbeiten unsere eigene Vergänglichkeit, indem wir Gärtnern?"

„Sicher. Das tun wir. Aber das Besondere ist, dass wir Freude daran haben. Wir haben Freude daran, etwas zu erschaffen, wir freuen uns auf das, was kommt und das, was da ist. Wenn es eine mehrjährige Pflanze ist, können wir uns sogar darauf freuen, dass sie wiederkommt..."

„Die Vergänglichkeit schenkt dir Freude ...", sinniere ich.

Und Holger hebt sein Glas und stößt es an meines. „Hätte ich nicht besser ausdrücken können."

NOSTALGIE

Eine Liebeserklärung

Und dann ertappe ich mich manchmal doch dabei, wie ich plötzlich eine gewisse Wehmut empfinde. Waren die Sommer nicht früher doch leuchtender? War das Leben nicht unbeschwerter? Waren die Autos nicht schnittiger? Und war es nicht schön, als man sich noch nicht ständig darüber Gedanken gemacht hat, ob die Ernährung gesund ist, wie viele Schritte man an einem Tag gegangen ist oder was eigentlich in der Sonnencreme steckt? Die Urlaube mit leichtem Gepäck und ohne vorherige Hotelbuchung. Die Tage am Isarstrand. Die Nächte im Beat Club. Wie wenig wir früher an morgen dachten, wie einfach es war, einen Job zu bekommen oder eine bezahlbare Wohnung? Meine Güte, was haben wir für schöne Zeiten erlebt! Vorbei! Verloren. Unwiederbringlich dahin …

Nostalgie, das ist laut Duden eine „vom Unbehagen an der Gegenwart ausgelöste, von unbestimmter Sehnsucht erfüllte Gestimmtheit, die sich in der Rückwendung zu einer vergangenen, in der Vorstellung verklärten Zeit äußert, deren Mode, Kunst, Musik o. Ä. man wieder belebt".

Aha! Versteht kein Mensch, aber klingt schlau – lass ich jetzt erstmal so stehen ...

Ich gebe zu, solche Tage gibt es schon, an denen mich sentimentale Anwandlungen plagen. Ich bezweifle allerdings, dass sie in meinem Fall vom „Unbehagen an der Gegenwart" ausgelöst werden. Denn sie packen mich vor allem dann, wenn ich sehe, dass alles das, was mir früher so viel schöner erschien, genauso immer noch existiert. Wenn eine junge Frau im leichten Rock vorbeischwebt und ich erkenne, dass ein Flirt inzwischen nicht mehr nur lächerlich wäre, sondern geradezu übergriffig. Wenn ich sehe, dass mir der Isarstrand zu hart und die Musik im Club zu laut geworden ist. Es gibt sie ja nach wie vor, die idyllischen Ufer und die durchgerockten Nächte. Nur dass ich dort nicht mehr hinpasse. Gewiss, die Welt hat sich verändert. Aber das Schöne in der Welt bestand zu allen Zeiten und besteht auch heute noch. Es mag etwas anders daherkommen, doch es ist noch immer alles da: bereit, von der Menschheit genossen zu werden! Nur eben nicht unbedingt von mir.

Schmerzt mich das? Und wie! Das Wissen, dass manche Dinge einfach für mich nicht mehr stattfinden werden, dass manche Chance sich für mich nicht mehr bietet, das treibt mich durchaus um. Nicht immer, aber doch gelegentlich – und oft genug, dass ich es als Teil meines Lebens betrachten muss. Doch ich tröste mich, indem ich mir sage: In der Trauer über die verlorenen Möglichkeiten liegt auch etwas sehr Schönes – eine Liebeserklärung an die Welt. Wie sie war und wie sie ist. Und ja, auch wie sie sein wird! Denn natürlich werden auch zukünftig lebende Menschen auf diese Zeit zurückblicken und ein wenig um ihre Schönheit trauern, und deren Kinder ebenfalls. Weil jede Zeit ihre schönen Seiten hat. Darum ist es nicht falsch, dem Verlorenen nachzutrauern, aber doch richtig, sich an der Gegenwart zu freuen und neugierig in die Zukunft zu blicken.

MEHR HAROLD UND MAUDE

oder: Wenn die Realität die
schönsten Happy Ends schreibt

Kennen Sie *Harold und Maude*? In diesem skurrilen und ziemlich liebenswerten Film von Hal Ashby aus dem Jahr 1971 verliebt sich ein todessehnsüchtiger Jungspund in eine Frau, die locker seine Großmutter sein könnte. Eine schräge Romanze mit viel schwarzem Humor und einer guten Portion Weisheit – und der Streifen ist nicht mal schlecht gealtert!

Damals war das eine einigermaßen abseitige Beziehung. Jüngere Frau, älterer Mann, das hatte und hat ja Tradition. Aber ältere Frau, jüngerer Mann ...

Ich will gar nicht so tun, als würde mich das Thema nicht aus persönlichen Gründen beschäftigen, es ist schließlich bekannt, dass ich mit – zum Teil deutlich – jüngeren Frauen liiert und sogar viele Jahre verheiratet war. Vielleicht faszinieren mich einfach jüngere Frauen, vielleicht ist mir der Altersunterschied völlig egal, weil es in der Liebe nicht auf die Jahre ankommt. Es gibt zweifellos umgekehrt Frauen, die auf deutlich ältere Männer stehen. Den Frauen wird dann gerne vorgeworfen, sie hätten es bloß auf den Status abgesehen, den Männern, sie reduzierten weibliche Attraktion aufs Physische ... Vermintes Gelände, wenn Sie mich fragen, und glauben Sie mir: In der Hinsicht jedenfalls weiß ich ganz genau, wovon ich spreche. Es gibt vermutlich nicht viele, die so häufig hämische Kommentare für ihre Partnerschaften einstecken mussten wie ich.

Umso mehr freut es mich, dass das alte Schema „Alter Mann, junge Frau" zunehmend aufgehoben wird, und zwar von den Frauen!

Annemarie zum Beispiel, meine Physiotherapeutin. Wir kennen uns schon lange, schätzen einander und hatten übrigens nie eine Beziehung, die nicht beruflich gewesen wäre. Ich kannte auch Annemaries ersten Mann, einen angesehenen Anwalt, der gute fünfzehn Jahre älter war als sie und sie behandelt hat, als lebten die beiden im 19. Jahrhundert. Annemarie sollte am liebsten gar nicht arbeiten, sondern sich nur um Haushalt und Kinder kümmern (was in dem Fall bedeutete: Dienstmädchen und Kinderfrau beaufsichtigen) – und ihm natürlich jederzeit jeden Wunsch von den Augen ablesen. Was sie auch getan hat. Bis Rüdiger sie für eine neue, jüngere Frau vor die Tür setzte, ihre Bankvollmacht kündigte, ihr die Kinder vorenthielt und sich auch sonst aufspielte wie der letzte A...

Annemarie fand einen Neuen. Der war nur fünf Jahre älter und behandelte sie wie eine Prinzessin. Es war die reine Romanze, die allerdings jäh endete, als er – viel zu früh – von einer bösartigen Krankheit dahingerafft wurde. Die Folge war, dass sie sich durchschlagen musste und erwartete, nie mehr einen Mann zu finden. Schließlich war sie inzwischen Anfang sechzig und hatte auch kein Interesse daran, nach kurzer Romanze binnen weniger Jahre von der Liebhaberin zur Vollzeitpflegekraft zu werden.

Und dann kam Carlo. Kam, sah und siegte, möchte man sagen. Er hat sie an der Tankstelle kennengelernt. Seiner Tankstelle. Sie hatte ein paar Liter Bleifrei gezapft und sich entschlossen, noch einen Coffee-to-go zu ordern. Den servierte ihr Carlo mit einem Lächeln, dem nicht zu widerstehen war (sagt sie; ich kann das nicht nachvollziehen, Carlo ist ein feiner Kerl, aber sein Lächeln bringt mich nicht in Wallung).

Um es kurz zu machen: Annemarie und Carlo, das war wie Micky und Minnie. Perfekt passend. Oder wie Harold und Maude. Denn Carlo ist fast dreißig Jahre jünger als sie! Okay, sie könnte nicht seine Oma sein, aber doch immerhin seine Mama.

Macht es was? Im Gegenteil! Es ist wunderbar! So muss es sein! Finde sich, wer zueinander passt.

Einer älter? Einer jünger? Na und?!

Gleich und gleich? Wen kümmert's?!

Woher einer kommt? Was soll's?!

Früher war es kaum denkbar, dass es zwischen Mann und Frau einen so großen Altersunterschied gibt, bei dem nicht der Mann der „Väterliche" ist. Frauen wurde ein ödipaler Komplex unterstellt, Männern eine chauvinistische Haltung. Natürlich kann man das auch umgekehrt diagnostizieren, wenn man es unbedingt darauf anlegt. Aber viel wahrscheinlicher ist doch, dass beides nicht stimmt. Dass die Liebe einfach hinfällt, wo sie nun einmal hinfällt.

Dass immer öfter Frauen deutlich jüngere Männer haben, öffnet den Blick für diese Interpretation – und es macht unser aller Leben leichter, weil wir nicht mehr übers Alter nachdenken müssen, sondern nur noch darüber, was passt und was nicht.

Ich freue mich für meine Kinder, dass sie manche überholten Diskussionen nicht mehr werden führen müssen. Wenn mein Sohn eine viel jüngere oder eine viel ältere Frau an Land zieht, oder meine Tochter einen Mann, dessen Alter nicht ihrem entspricht, dann wird es keinen Menschen mehr interessieren. Der Blick zurück und der Blick nach vorne zeigen, dass auch die Menschheit in manchen Fragen so langsam erwachsen wird. Oder zumindest gelassener. Und das ist eine gute Nachricht.

JAWOHL, EURE HOHEIT!

oder: Wie wir alle keine
Untertanen mehr wurden

„Der Herr Doktor lässt jetzt bitten!"

Da geht man schon ganz anders ins Behandlungszimmer, finden Sie nicht? Das hat sowas Präsidiales. Und entsprechend ist dann auch der Ton: ein paar lateinische Vokabeln, ein tadelnder Blick, ein paar vollkommen unleserliche Notizen und ein noch unleserlicheres Rezept, eventuell sogar eine Überweisung wegen etwas, das man kaum googeln kann, weil man sich beim Abtippen ein Dutzend Mal verschreibt … Na ja, die Szene ist eine von früher. Da gab's noch kein Google. Dafür gab es Halbgötter in Weiß. Die Ärzte waren eine andere Spezies als man selbst, die standen ganz einfach über den Menschen – und sie ließen sich das auch jederzeit anmerken. Die Frau vom Herrn Doktor war übrigens ganz automatisch die Frau Doktor, auch wenn sie bloß Volksschule hatte.

Und wir Normalos? Wir waren sowas wie Untertanen. Manchmal kam man sich geradezu wie ein Objekt vor, über das die Herren (und die wenigen Damen) Ärzte verfügten, wie es ihnen beliebte. Und übrigens nicht nur die! In der Politik war's ja nicht anders. Da wurde im Hinterzimmer geschachert, und den Bürgerinnen und Bürgern wurde dann ein Ergebnis vorgesetzt, ganz nach der Basta-Methode.

Da lobe ich mir, wie es heute ist! Über Politik wird öffentlich gestritten, Politiker müssen ihre Entscheidungen begründen und verfechten, sie werden in Interviews „gegrillt" und müssen in Talkshows Rede und Antwort stehen. Die weitverbreitete Politikverdrossenheit kann ich nicht verstehen. Wir sollten eigentlich froh sein, dass es nicht „einen starken Mann" gibt, der die Ansage macht, und alle anderen kuschen nur. Die vermeintliche Schwäche der Politiker ist das, was uns als Gesellschaft stark macht, was unsere Demokratie belebt! Durch sie werden wir mündige Bürger.

So wie wir mündige Patienten geworden sind: Ärzte geben sich heute nur noch selten präsidial. Die allermeisten erklären ihren Patienten, was es zu wissen gibt, beziehen sie ein und geben Auskunft. Sie führen sie bei der Visite nicht mehr vor und entlassen sie aus der Sprechstunde nicht mehr ahnungslos über ihren Zustand. Ärzte sind menschlicher geworden, Patienten kompetenter. Politiker sind transparenter geworden und damit auch berechenbarer. Darüber sollten wir froh sein.

Natürlich gibt es auch heute noch Patienten, die lieber gar nicht wissen wollen, was mit ihnen ist – Hauptsache, der Doktor macht sie wieder gesund. Und natürlich gibt es Wählerinnen und Wähler – scheinbar sogar erstaunlich viele! –, die sich wünschen, dass einfach jemand entscheidet, und sie müssen dann gar nicht weiter darüber nachdenken. Aber das ist letztlich nichts anderes als der Wunsch, keine Verantwortung übernehmen zu müssen. Nicht für die Gesellschaft und nicht einmal fürs eigene Leben.

Sich zurücknehmen und andere machen lassen, das kann man allerdings auch ohne Protesthaltung und ohne Politikverdrossenheit. Ich wünschte, der eine oder die andere machte sich öfter klar, dass es ein riesiger Gewinn ist, dass wir alle nicht mehr Untertanen sind, sondern unsere eigenen Souveräne. Man muss nichts von Medizin verstehen, um vom Arzt ernst genommen werden zu wollen, und man muss nichts von Politik verstehen, um Demokratie gut zu finden. Der Lauf der Geschichte hat uns eigenständiger gemacht. Genießen wir es – und pflegen wir es. Am liebsten, indem wir auch ein wenig Verantwortung übernehmen.

MENSCH, SKY!

Neue Leute, neues Glück …

Manchmal, wenn ich nach München muss, treffe ich meinen alten Freund Thomas, der meine Leidenschaft für Bücher teilt. Genau genommen, hat er diese Leidenschaft in mir vor vielen Jahren sogar geweckt – zumindest soweit es nicht nur ums Lesen geht, sondern auch ums Schreiben. Er war es nämlich, der mich einst angesprochen hat, ob ich nicht ein Buch schreiben möchte. Ich sehe es noch vor mir: Wir saßen in einem wirklich sehr schönen Restaurant im sehr schönen Stadtteil Lehel, ein Geschäftstreffen in einem überaus angenehmen Rahmen. Es war noch vor der Phase, in der ich dann dank des Riesenerfolgs von Bully Herbigs *Schuh des Manitu* auch im komödiantischen Fach Anerkennung fand, und er saß vor mir, sehr korrekt im Dreiteiler mit Schlips und Manschettenknöpfen, und ließ mich wissen: „Ich finde, Sie sollten ein Buch schreiben, Herr du Mont."

„Das ist ja wirklich nett, aber ich denke nicht, dass darauf irgendwer wartet", erwiderte ich also und sah mich unauffällig nach den Kameras um, von denen ich überzeugt war, sie müssten irgendwo hinter den dekorativen Weinflaschen oder den Topfpflanzen verborgen sein. Denn dass hier eine Falle von *Versteckte Kamera* aufgebaut worden war, stand für mich so fest wie das Amen in der Kirche. „Außerdem", sagte ich, „worüber sollte ich denn schreiben?"

Spätestens jetzt würde es herauskommen, dachte ich. Irgendeine absurde Idee, was ganz Abseitiges. So würde sich dieser smarte, noch ziemlich junge „Literaturagent", von dem ich noch nie was gehört hatte, verraten. Um es kurz zu machen: Absurd war es. Aber verraten hat er sich nicht. Weil es nämlich nichts zu verraten gab. Er meinte das tatsächlich ernst: „Schreiben Sie einen Roman!", riet er mir. „Einen Krimi am besten. Sie sind ja quasi vom Fach. Sie haben in so vielen Krimis mitgespielt und so viele Krimidrehbücher gelesen, dass Sie sich auskennen. Jeder wird nachvollziehen können, dass Sie endlich mal selber einen schreiben wollten."

Wie die Geschichte ausging, ist bekannt. Das vorliegende Buch ist mein achtes. Es entstanden in der Tat drei Krimis und dann eben noch einige Sachbücher, von denen ich hoffe, dass sie ebenfalls unterhaltsam geworden sind.

Ich hätte gehen können. Ich hätte mich für die Einladung bedanken und den Literatur-Geschäftsmann sitzen lassen können. Habe ich aber nicht getan, ich war ja viel zu fasziniert von der vermeintlichen Falle. Ich hätte andererseits auch gar nicht erst hingehen können! Tat ich aber auch nicht, weil ich ja viel zu neugierig war. Und so habe ich nicht nur ein ganz neues berufliches Tätigkeitsfeld gefunden, sondern auch noch einen Freund gewonnen. Denn der Literaturagent entpuppte sich als feiner Kerl (denkt man bei so einem Beruf gar nicht), der viel mit mir gemeinsam hat und mit dem mich längst ein tiefes Vertrauensverhältnis verbindet.

Was habe ich also gelernt? Ich habe gelernt, dass immer wieder Überraschungen in mir stecken – in uns allen natürlich. Und dass man manchmal einfach ein bisschen Vertrauen haben muss. Ich habe gelernt, dass es spannend und interessant sein kann, sich auf etwas ganz Neues einzulassen, das man sich selbst womöglich erst einmal gar nicht getraut hätte. Aber sich auch auf *jemanden* einzulassen, von dem man nicht unbedingt denkt, dass man viele Gemeinsamkeiten mit ihm hätte. Ich habe gelernt, dass man an jedem Tag Menschen kennenlernen kann, die auf die eine oder andere Weise das eigene Leben bereichern, die einem interessante, unerwartete Perspektiven eröffnen. Auch das ist ein Grund, voller Zuversicht und Neugier in die Zukunft zu blicken. Es erwarten uns dort nicht nur Ereignisse, es erwarten uns auch neue Menschen!

Wenn man sich mal überlegt, wo bzw. auf welche Weise man seine Freunde und Bekannten kennengelernt hat, dann ist es doch interessant: Die meisten Bekanntschaften macht man in der Schule und vielleicht in der Ausbildung – und dann wieder, wenn man selbst Kinder hat. Das sind dann Kindergarten- oder Schuleltern, mit denen man sich beim Elternabend oder am Elternstammtisch unterhält. Und schließlich noch Kollegen. Aber warum ist man eigentlich nicht mit dem netten Postboten befreundet, der jeden Tag vorbeikommt und mit dem man schon seit vielen Jahren immer wieder mal ein nettes Pläuschchen hält? Warum nicht mit der Vermieterin oder dem Techniker, der einem das Glasfaserkabel installiert hat? Irgendwie ist das doch schade. Mir scheint, wir gehen viel zu wenig auf andere Menschen zu, laden viel zu selten jemanden ein, in unser Leben zu treten. Den Schaden haben wir selbst. Denn Freundschaften sind doch das Besondere im Leben!

Als ich vor kurzem meinen alten Freund Franz zu Grabe tragen musste, der den Kampf gegen den Krebs nicht überlebt hatte, war ich über seine Trauergesellschaft ziemlich überrascht. Ich gebe es zu, wir hatten seit längerem wenig Kontakt, weil wir ein gutes Stück voneinander entfernt lebten und auch nicht mehr allzu viel gemeinsam hatten. Trotzdem hatte ich erwartet, vor allem Familie und ehemalige Kollegen von ihm zu sehen, natürlich auch ein paar alte Freunde. Stattdessen habe ich – von diesem Personenkreis abgesehen – interessanterweise *sehr alte* Freunde entdeckt: Franz hatte Anschluss an einen großen Stammtisch gefunden, als er in seine letzte Wohnung gezogen war. Die Herren waren alle zehn, manche wohl zwanzig Jahre älter als er – was man ihnen bei der Trauerfeier auch ansah. Da saß ein Altherren-Club, wie ich ihn so noch nicht erlebt hatte. Aus alt mach neu, mal anders: Sie mochten alte Männer sein, aber sie waren seine neuen Freunde. Und ich war gerührt, wie sie ihn betrauerten.

Vielleicht nehme ich mir vor, ab jetzt noch viel offensiver Freundschaften zu schließen. Kann es schaden? Ich wüsste nicht wieso. Aber es könnte viele neue schöne Dinge mit sich bringen!

Gute Gespräche, good vibrations, Einladungen und Gegenein-
ladungen und was man sonst so braucht, damit das Leben noch
mehr Spaß macht als ohnehin schon. Und für eine gut besuchte
Trauerfeier beizeiten wäre auch gesorgt. Das mag mir dann zwar
vielleicht egal sein. Aber vielleicht freuen sich die Kinder, dass ihr
Vater so schmerzlich und von so vielen vermisst wird. Freunde,
ich komme!

DIE LETZTEN WERDEN NICHT DIE LETZTEN SEIN

oder: Warum ich auf die nächsten Generationen vertraue

Es scheint eine Art Fluch zu sein: Wo ich auftauche, wird geklebt. Die sich selbst so nennenden Aktivisten der „Letzten Generation" scheinen mich zu tracken und sich dann zuverlässig auf den Asphalt zu kleben, der sich in meiner relativen Nähe befindet. Teils mit wirklich ärgerlichen Ergebnissen.

Als ich in Hamburg meine Schulfreundin Elke im Krankenhaus besuchen wollte: Stau wegen „Klimaklebern". Als ich in Berlin auf dem Weg zu einer Bühnenprobe war: Stau wegen Klimaklebern. Und als ich in München im Taxi zu einer kleinen OP saß: Stau wegen Klimaklebern. Sie agieren ziemlich eifrig, die Aktivisten. Ich will gar nicht so tun, als würden sie mir nicht tierisch auf den Senkel gehen. Das ändert aber nichts daran, dass sie meinen Respekt genießen. Klar, ich könnte schon mal einem den Kopf abreißen. Und ein „Lasst sie doch einfach kleben!" liegt mir mindestens auf der Zunge. Aber im Grunde bewundere ich sie. Für ihren Mut, für ihre Leidenschaft und für die Konsequenz, mit der sie ihre Ziele verfolgen.

Ich finde zwar nicht, dass alles Böse und Schlechte auf dieser Welt pauschal der noch lebenden älteren Generation angelastet werden kann. Jeder lebt schließlich in der Zeit, in die er hineingeboren wurde, und er lebt auch ein Stück weit so, wie es den Konventionen entspricht. Also die meisten zumindest. Aber dass man einen Lebensstil hinterfragt und auch ablehnt, der einfach gedankenlos gepflegt wird, bloß weil man so aufgewachsen ist, das ist schon ganz richtig. Schön wäre es, man könnte mehr darüber reden und einander mehr Verständnis entgegenbringen. Aber das ist natürlich gar nicht das Konzept dieser Protestbewegung. Reden sollen andere. Sie wollen handeln. Und nerven. Und das tun sie.

Kann ich es verstehen? Ja, gewiss. Es geht um nicht weniger als ein lebenswertes Leben auf diesem Planeten. Die Menschheit wird nicht gleich aussterben, wenn der Klimawandel fortschreitet. Aber das Leben wird grauenhaft werden. Das wünscht man niemandem. Und jeder hat ein Recht, dagegen zu protestieren. Diejenigen, um deren Zukunft es geht, ganz besonders.

Dann wieder denke ich mir: Warum setzt ihr nicht all diese Energie, all dieses Wissen und all eure Talente ein, um praktikable Vorschläge zu machen, wie jeder Einzelne ganz einfach schon mal anfangen kann, das Klima zu retten? Warum überzeugt ihr nicht erst einmal eure Nachbarn und Freunde im persönlichen Gespräch und gewinnt sie für eure Sache. Das könnte eine richtig große Bewegung werden. Eine, die noch viel mehr Anhänger gewinnt und nicht auf Konfrontation setzt, sondern auf ein Miteinander!

Aber vielleicht erreichen sie ja auch auf dem eingeschlagenen Weg die Weltrettung. Ich würde mich darüber sicher nicht beklagen. Bis dahin muss ich gelassen bleiben und vielleicht auch mal einen Krankenbesuch verschieben oder einen Auftritt absagen.

Jedenfalls scheint mir, die Energien, die die nächsten Generationen besitzen, sollten ausreichen, um das Schlimmste abzuwenden und uns auch weiterhin eine lebenswerte Welt zu sichern.

KLEINE LEBENSLÜGEN

oder: Warum man sich manchmal selber was vormachen muss

Wenn ich mir meine Texte so durchlese, muss ich gestehen, manchmal überrasche ich mich selbst. Beim Schwindeln. Jedenfalls fühlt es sich so an. Denn die Wahrheit ist natürlich: Es ist längst nicht alles Gold, was glänzt. Oder anders ausgedrückt, an vielen Tagen macht auch mir das Leben keine große Freude. Wenn ich abends alleine vor dem Fernseher sitze oder wenn ich einem jungen Paar am Strand beim Turteln zusehe, wenn ich meinen Arzt beim Lesen meiner Blutwerte seufzen höre oder ich beim Kegeln aus Sorge um meine Bandscheiben lieber passe, dann tue ich mir schon auch gerne mal selber leid. Es gibt viele Gründe, unglücklich zu sein, in jedem Alter. Aber besonders viele im Alter, so viel steht fest. Da fällt es dann schwer, voll Optimismus in die Zukunft zu blicken. Schließlich kommt für jeden von uns der Tag, an dem der Blick ins Morgen der letzte sein wird. Und keiner von uns weiß, welcher Tag das ist. Glücklich, wer voll Freude auf ein ewiges Leben im Jenseits wartet. Das fällt mir offen gesagt etwas schwer. Meine Vorfreude bezieht sich eher aufs Diesseits. Nur dass sie mich immer wieder auch im Stich lässt. Dann muss ich mich besonders intensiv in den eigenen Hintern treten und versuchen, Gründe zu finden, weshalb morgen alles besser sein soll als heute. Es hilft dann nicht sonderlich, Arztbriefe zu lesen, Nachrichten zu gucken oder im Fotoalbum zu blättern, wo all die Erinnerungen an schöne Zeiten zeigen, wie vergänglich das Glück doch ist.

Einerseits. Andererseits ist mir gerade beim Blättern in Fotoalben aufgefallen, dass viele Aufnahmen Geschichten haben, die man ihnen nicht ansieht. Mein Bruder und ich, Eis schleckend, fröhlich lachend – kaum war das Foto geknipst, hat er mir mein Eis aus der Hand geschlagen. Ich selbst am ersten Schultag in einem festlichen Anzug, stolz und aufgeregt – die sich daran erinnern, sagen, ich hätte mich wenig später mit Händen und Füßen und heulend gewehrt, das Schulhaus zu betreten. Die Hochzeitsfotos mit meiner ersten Frau. Oder mit meiner zweiten. Oder dritten … Was soll man dazu sagen – am Ende stand jeweils die Scheidung. Nichts ist so schön, wie es aussieht. Weshalb sollten wir es also von den vor uns liegenden Zeiten erwarten?

Woraus wir allerdings dringend schließen sollten, dass wir das genießen müssen, was gut ist! Soll ich mich über mein Eis nicht freuen, weil es mir mein Bruder auf den Boden werfen könnte? Soll ich nicht stolz sein auf meinen schicken Anzug, weil ich damit in die Schule gehen muss? Soll ich meine Hochzeit nicht aus tiefstem Herzen feiern, weil die Ehe womöglich nicht halten könnte? Und wenn wir schon so denken: Sollte ich mir die Vor-freude auf das, was kommt, verderben lassen, nur weil es vielleicht doch nicht so schön sein wird, wie ich es mir erhoffe? Im Gegen-teil! Ich will mich auf die nächste Kegelrunde freuen. Kann doch sein, dass der Rücken dann nicht zwickt und ich sie alle von der Bahn fege! Ich will mich von dem turtelnden Paar am Strand in-spirieren lassen und mir vorstellen, dass ich doch eigentlich auch mal wieder ein wenig turteln sollte! Allein vor dem Fernseher? Ha! Da macht mir wenigstens keiner die Fernbedienung streitig! Die Blutwerte sind bedenklich? Nun, immerhin habe ich noch Blutwerte! Und morgen werden sie vielleicht schon wieder bes-ser sein. Und auch wenn das alles nur Selbstbetrug ist, die Welt will schließlich betrogen werden! Und wir auch. Wenn mich aber jemand betrügen sollte, dann doch am liebsten ich selbst. Denn manchmal braucht man eben eine kleine Lebenslüge.

WEIL WIR UNS WIEDERSEHEN

Ein Schlusswort

„Und", fragt meine Tochter, „schreibst du wieder ein Buch?"
Sie kennt mich natürlich und weiß genau: Wenn ich schreibe,
dann bin ich öfter mal geistig abwesend. Sitze am Frühstückstisch und schütte mir Cornflakes in den Kaffee oder Kaffee ins
Müsli. Lache laut, wenn auf dem Fernsehschirm gerade jemand
im Sterben liegt. Fahre im ersten Gang bis zur nächsten Ampel
– und darüber hinaus. Sowas eben. Weil ich so sehr in meinem
Thema stecke, dass ich kaum an etwas anderes denken kann. Das
ist ein Zustand, der für viel Vergnügen in meinem Umfeld sorgt,
manchmal aber auch für Unverständnis. Kann ich nachvollziehen, klar. „Tut mir leid", murmle ich also und nehme ihr das
vermurkste Müsli ab. Vielleicht kann man es ja sogar noch essen?
Mal sehen.

„Und um was für ein Thema geht's in dem Buch?" Sie ist
neugierig. Nun ja, sie schreibt selbst. Und ich bin stolz auf sie.
„Geht's schon wieder ums Älterwerden?", fragt sie.

„Um Himmels Willen!", rufe ich. „Dazu habe ich mehr als genug geschrieben."

„Also?"

„Der Arbeitstitel lautet: ‚Ich freu mich schon auf morgen'."

„Ach."

„Und?"

„Find ich gut", stellt sie fest. „Passt zu dir."

„Ja. Nicht wahr?" Ich mustere sie. „Würde mich interessieren, was dir dazu einfällt."

„Oh", sagt sie, „das ist nicht schwer." Und packt ihre Sachen. Sie muss zur U-Bahn und hat es eilig. „Das weiß ich genau, warum ich mich schon auf morgen freue."

„Wirklich?" Jetzt bin ich aber neugierig.

„Ach, Papa", ruft sie und lacht. Dann gibt sie mir rasch einen Kuss auf die Wange. „Ich freu mich schon auf morgen, weil wir uns dann wiedersehen!"

Und ist zur Tür raus, ehe ich noch meine Rührung in den Griff bekommen habe. „Aber … dein Müsli", rufe ich noch, als sie es schon gar nicht mehr hört. Dass sie sagt, sie freue sich darauf, mich morgen wiederzusehen, ist ein Geschenk. Ein großes sogar. Eines, für das ich dankbar bin. Ja. Vielleicht ist das der beste Grund, sich auf morgen zu freuen: dass wir uns wiedersehen. Ist das nicht ein schönes Schlusswort für ein Buch zu einem solchen Thema?

QUELLEN

S. 71, mit freundlicher Genehmigung: TAKE IT EASY ALTES
   HAUS, Text: Claus Dieter Eckardt, Musik: Burkhard Reich-
   ling © Ed. Joe Menke / Universal Music Publishing GmbH

S. 41 ff., vergleiche dazu https://www.stern.de/panorama/welt-
   geschehen/legendaere-wahrsagerin-baba-wanga-prophezeite-
   fuer-2022-ein--virus-aus-sibirien--31449588.html

https://www.merkur.de/wissen/schneller-klimaforscher-warnen-
   anfangsphase-klimanotstand-erde-erwaermt-sich-92653229.
   html

https://www.welt.de/vermischtes/article149873760/2016-wird-
   Europa-aufhoeren-zu-existieren.html

https://www.welt.de/newsticker/news3/article115012721/Russi-
   sche-Forscher-sehen-die-naechste-Eiszeit-nahen.html

S. 94, *Was geschah am ...? Alle Ereignisse der Geschichte geordnet
   nach den Tagen des Jahres*, Dortmund: Harenberg, 1996.